巴比倫

最璀璨的近東古文明

A Very Short Introduction

Babylonia

TREVOR BRYCE

崔佛・布萊斯
著

葉品岑
譯

王紫讓
審訂

目錄

序言

巴比倫是古代世界最偉大的城市之一（圖1），它的名字，如同羅馬，喚起由力量、財富、輝煌及墮落交織而成的畫面。巴比倫與羅馬這兩個名字在《聖經》傳統裡緊密相連，因為羅馬在《啟示錄》中被貶為「巴比倫的大淫婦」，從而和壓迫及放蕩的城市形象聯繫在一起——即使巴比倫早已崩塌為塵土，但這樣的形象仍歷久彌新。我們將看到，透過破解巴比倫泥板語言，以及考古發掘對巴比倫歷史和文明的重新發現，在很多方面都推翻了《聖經》的巴比倫形象。泥板和考古遺跡都為我們揭露一個起源於羅馬創立前近兩千年的城市。在史上持續有人居住時間最長的城市聚落中，巴比倫城成為文化和知識最活躍的其中一個古代世界文明中心，對同時代的近東文明影響深遠，而且在很多方面對古典時代的宗教、科學及文學傳統都有所貢獻。

然而，接下來的篇幅不只是關於巴比倫城，而是關於整個南美索不達米亞，從現代巴格達往南，底格里斯河及幼發拉底河彼此靠近的區域，然後穿越更南端的沼澤地，直抵波斯灣。巴比倫位在巴格達正西南方的幼發拉底河畔，在我們稱為早期青銅時代（Early Bronze Age）的西元前第三千年紀期間，只是其中一個在南美索不達米亞興起的城市社會。待日後將發展為《聖經》中惡名昭彰之城的巴比倫小村莊出現時（大概是在西元前第三千年紀的中期），構成蘇美文明的城邦群在南美索不達米亞已經存在好幾個世紀。我們名之為蘇美（Sumer，當地居民稱之為肯吉爾〔Kiengir〕）的土地在西元前第三千年紀早期出現，一般稱為「文明的搖籃」，是有組織的城市生活第一次大規模出現在近東地區。

蘇美人的起源仍有爭議——究竟他們是西元前第四千年紀末期遷入美索不達米亞的新居民，還是從區域裡的當地住民演變而來？無論如何，他們高度發展的實作能力和組織能力，使他們能征服嚴苛的自然環境，並在這樣的環境裡茁壯，而不只是勉強存活而已。底格里斯河及幼發拉底河之間絕大多數平坦的、大抵乾

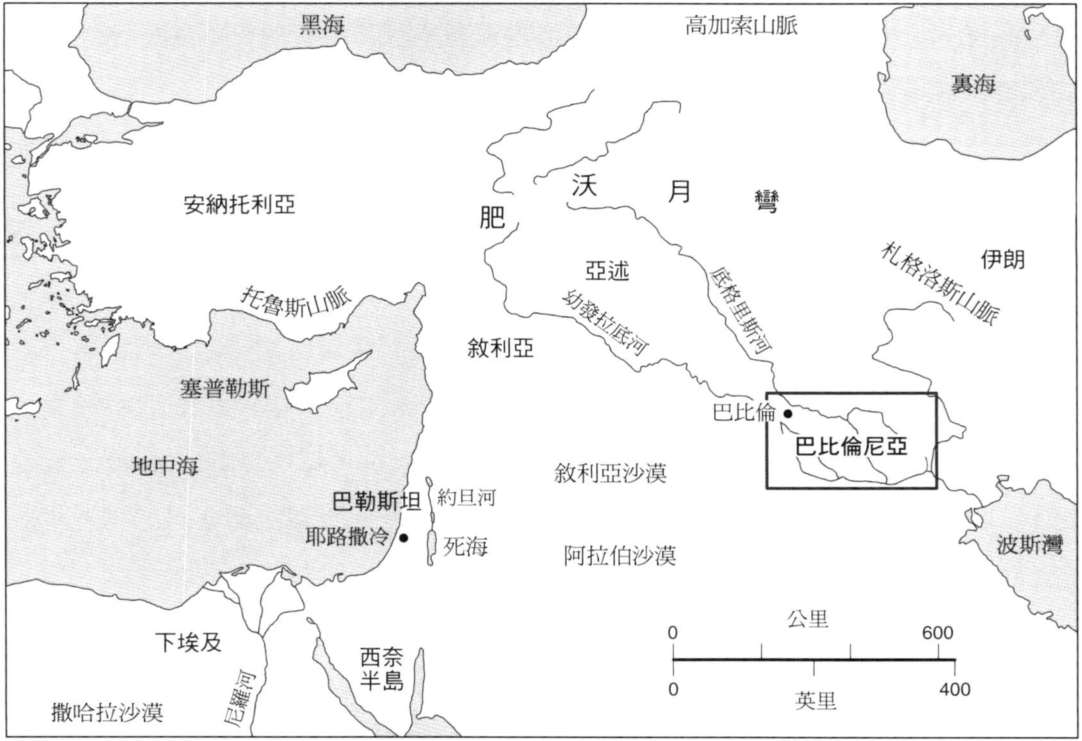
黑海
高加索山脈
裏海
安納托利亞
肥
沃
月
彎
亞述
伊朗
札格洛斯山脈
托魯斯山脈
幼發拉底河
底格里斯河
敘利亞
塞普勒斯
巴比倫
巴比倫尼亞
地中海
敘利亞沙漠
巴勒斯坦
約旦河
耶路撒冷
死海
阿拉伯沙漠
波斯灣
公里
0
600
英里
0
400
下埃及
西奈
半島
尼羅河
撒哈拉沙漠

圖 1　古代近東世界。

燥的平原被一片片的廣闊沙漠占據，這個降雨貧乏區域幾乎得不到滋潤，甚至時常久旱不雨。乾旱始終是一個生存威脅。

蘇美人面對且戰勝了威脅。他們卓越的實作成就之一，就是建造由大型運河網路構成的複雜灌溉系統。這項成就就是他們能在如此不利人類發展的區域，創造出一個繁榮昌盛的先進文明背後最重要的原因。蘇美城邦的時代被稱為早期王朝時代（Early Dynastic period），一般來說是從西元前約二九〇〇年開始到二三三四年為止。這是一個物質極為富裕的時代，因為蘇美人有效利用自然環境，並且廣泛從事貿易活動（後者是迫於區域內幾乎完全沒有木材和金屬等自然資源）。早期王朝時代也是一個藝術成就卓越的時期——從蘇美藝術家和工匠製作的著名藝術品可見一斑，譬如烏爾王家墓葬出土的那些藝術品。

南美索不達米亞北部一股新勢力的崛起，結束了早期王朝時代。在絕大部分、乃至於整個蘇美時期，南美索不達米亞都住著另一個民族，這群人流著閃族的血統。「閃族人」（Semite，形容詞「閃族的」〔Semitic〕）這個詞，源自挪亞的其中一個兒子閃（Shem），是西元十八世紀新造的一個專有名詞，用來指一些著名的西亞群體，包括巴比倫人、亞述人、迦南人、腓尼基人、希伯來人和阿拉伯人，因為他們的語言和文化有某些相似之處。西元前約二三三四年的時候，有一位閃族領導者薩爾貢（Sargon）在南美索不達米亞北部的城市阿卡德（Agade，位置仍未知）創立了一個統治王朝，建立起近東歷史上第一個帝國：阿卡德帝國（Akkadian empire）。阿卡德帝國全盛期統治著整個美索不達米亞，北邊最遠至庫德斯坦（Kurdistan）、東至札格洛斯山脈（Zagros mountains），西邊最遠至安納托利亞東南部（不過，我們無法確知阿卡德人對這些地方的直接控制程度）。

諸多因素導致阿卡德帝國在西元前約二一九三年滅亡。但在一個世紀內又有另一個帝國崛起，這個帝國以美索不達米亞最南端的烏爾城（Ur）為根據地。這個被稱為烏爾第三王朝（Ur III dynasty）的帝國由烏爾納姆（Ur-Namma）創立於西元前二一一二年，版圖涵蓋整個南美索不達米亞，以及大量底格里斯河以東的附屬領土。但烏爾的國祚甚至比在它之前的阿卡德更短。來自伊朗西部的埃蘭（Elamite）入侵者在西元前二〇〇四年左右摧毀了烏爾。

巴比倫在這段早期青銅時代波折的歷史之中無足輕重。事實上，直到阿卡德帝國期間的西元前約二二〇〇年，巴比倫才首次被文字記載提及。此時的巴比倫城至少有兩座神廟，後來成為烏爾第三王朝的地方行政中心。不過，距離巴比倫嶄露頭角的真正起點還有大概一百五十年。西元前一八八〇年左右，有個名叫蘇姆拉埃勒（Sumu-la-El）的人在巴比倫城裡創立了一個王朝，巴比倫城在該王朝第五位國王漢摩拉比（Hammurabi／Hammurapi）的統治下，成為近東地區一個大國的核心，也是歷史長河上諸多巴比倫王國的第一個。

我們會在接下來的章節裡仔細討論漢摩拉比統治的時代（1792-1750 BC）。但首先我們要談談「巴比倫」（Babylon）及「巴比倫尼亞」（Babylonia）這兩個名稱。在阿卡德時期，巴比倫被稱為 *Bāb-ilim*，意思是「神之門」，巴比倫的蘇美語名稱 *Ka-dingirra* 有相同的意思。我們不知道哪一個出現的年代較早，不過在古代傳統裡牢牢被記住的是阿卡德語名稱，從而衍生出城市的希臘語名稱「巴比倫」（Babylon）。希伯來語稱為*Bābel*（巴別）。

一看就知道是衍生自「巴比倫」的「巴比倫尼亞」，並非一個古地名，而是現代學者用來指稱巴比倫城開始成為區域支配者之後的南美索不達米亞的名稱，尤其是從漢摩拉比統治以降。然而，有些學者認為在青銅時代晚期加喜特王朝（Kassite dynasty）控制這個地區之前，都不應該使用這個名稱，因為直到加喜特王朝建立之後，「巴比倫尼亞」才成為一個連貫的地緣政治單位，而且在往後的古巴比倫歷史上大抵保持不變，即使臣服於其他勢力如亞述、波斯和羅馬的時期亦然。儘管如此，漢摩拉比的王朝，尤其是漢摩拉比自己在位的時期，為我們穿越南美索不達米亞（「巴比倫尼亞」）歷史的旅程，提供一個很方便的起點。

我們的旅程將從漢摩拉比的古巴比倫王國開始，經過由加喜特人統治的第二個偉大巴比倫王國，然後穿越一段相對無足輕重的漫長時期，直到巴比倫城以新巴比倫帝國首都的姿態綻放前所未見的光輝。這是尼布甲尼撒二世

（Nebuchadnezzar II, 605-562 BC）成為近東世界最強大的國王之時。接著，旅程將帶領我們穿越波斯和馬其頓統治時期，馬其頓的統治以亞歷山大大帝（Alexander the Great）於西元前三二三年在巴比倫死亡而結束。巴比倫尼亞在隨後的希臘化時代被塞琉古帝國（Seleucid empire）吸收。最後，我們走向羅馬帝國時期，此時的巴比倫幾乎淪為被遺棄的廢墟，西元二世紀早期，羅馬皇帝圖拉真（Trajan）前往巴比倫城址，向亞歷山大大帝致敬之時，看到的巴比倫就是廢墟的景象。

第一章

古巴比倫時期

（約西元前一八八〇年至一五九五年）

西元前第二千年紀早期的族群和王國

漢摩拉比的王朝，以及巴比倫城和其他巴比倫尼亞城市的多數居民，都屬於近東最強大和分布最廣的族群之一。這個族群被稱作亞摩利人（Amorites）。他們的名字因為出現在《舊約聖經》的民族表（例如《申命記》20:16-17）而廣為今人所知，不過《聖經》的「亞摩利人」和古代史料中被稱為「亞摩利人」的民族，可能只有間接關聯。亞摩利人說閃語，本是游牧民族，廣泛分布在敘利亞和巴勒斯坦的大部分地區，然後逐漸向東散布，為羊群和獸群尋找新的牧場時跨越幼發拉底河，進入南美索不達米亞。這些群體當中，有些繼續他們傳統的游牧生活，維持好幾世紀不變，其他則在搬進城市後，迅速改採比較安穩的生活方式，這點我們是從出自敘利亞北部埃博拉城（Ebla）、年代可以追溯到西元前二十四世紀的文本得知（在本書中，我們使用「敘利亞」一詞的古代含義，指介於幼發拉底河和地中海東岸之間的區域）。

自從最早一批近東王國在西元前第三千年紀衰敗後，亞摩利領袖在西元前第二千年紀的前幾百年，開始在美索不達米亞和敘利亞建立他們自己的大型王國。在新勢力之中，值得注意的是上美索不達米亞王國（Kingdom of Upper Mesopotamia），由名叫薩姆什－阿杜（Samsi-Addu，阿卡德語為薩姆什－阿達德〔Shamshi-Adad〕）的亞摩利統治者創立於西元前十八世紀。傳統上，美索不達米亞北部的區域首都是位於底格里斯河畔的亞述城（Ashur）。薩姆什－阿杜也在埃卡拉圖姆（Ekallatum，確切地點不明，可能位於離亞述城不遠的底格里斯河上）和幼發拉底河中游西岸的馬里（Mari）設立了副王的王位。不同亞摩利王朝在這段時期建立的其他王國也紛紛崛起，包括敘利亞的雅姆哈德王國（Yamhad），王國由亞摩利人領袖蘇姆埃普赫（Sumu-epuh）創立，他從首都阿勒坡（Aleppo）發號施令；再往南一點，還有在奧龍特斯河（Orontes）東邊的卡特納王國（Qatna）。

在這段期間，敘利亞和美索不達米亞越來越惡化的王國政治局勢中，還有三個來自南美索不達米亞的勢力。伊辛（Isin）和拉爾薩（Larsa）是年代最早的兩個王國，為填補烏爾第三王朝垮臺留下的權力真空，成為激烈的對手。經過一連串漫長的衝突後，拉爾薩在國王瑞姆辛（Rim-Sin）的領導下取得勝利，於是瑞姆辛在西元前約一七九四年把戰敗的伊辛併入拉爾薩。瑞姆辛這位征服者成為區域霸主長達三十年。但他最終被推翻，王國被強大鄰國巴比倫的國王漢摩拉比（約 1763 BC）奪走。

漢摩拉比及其之前歷代君王

漢摩拉比的統治標誌著其王朝在近東大權在握的巔峰時期，特別是在幼發拉底河中游地區和南美索不達米亞（圖2）。在巴比倫傳說裡，游牧的亞摩利首領蘇姆阿布姆（Sumu-abum, 1894-1881 BC）被認為是開創漢摩拉比所屬王朝的人。蘇姆阿布姆在他生活的時代備受敬重，也受到後世的尊崇。而且很可能就是

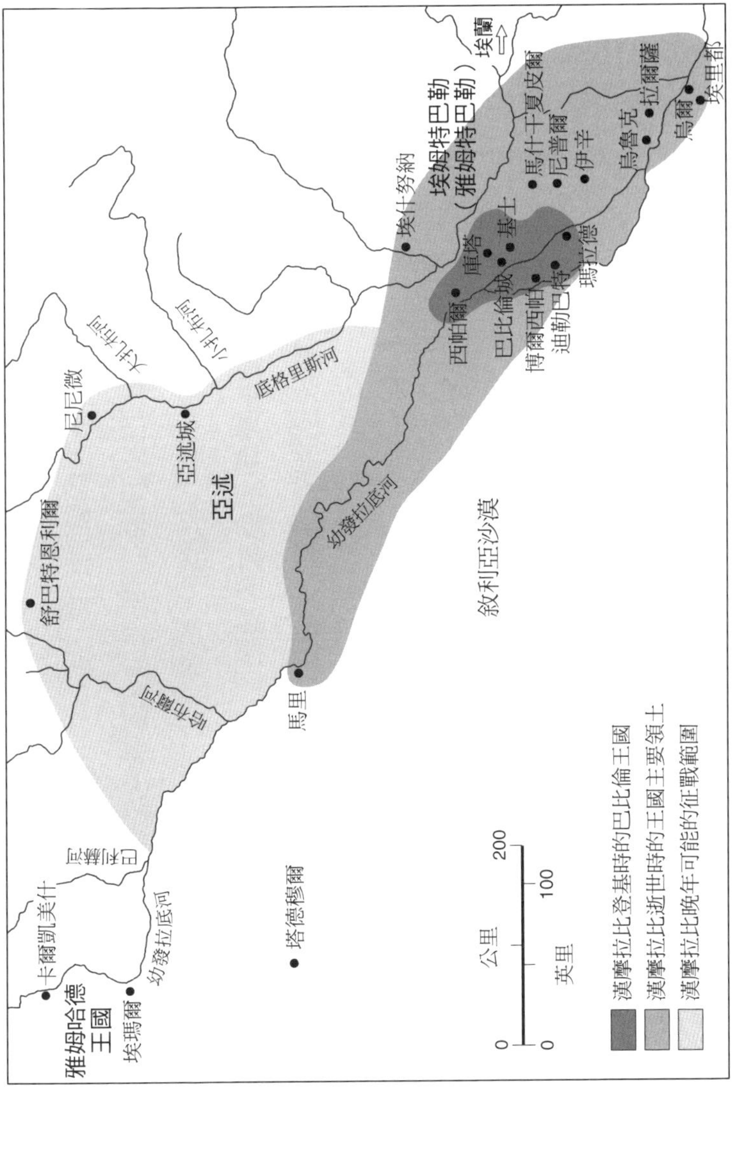
雅姆哈德王國
埃瑪爾
卡爾凱美什
幼發拉底河
巴利赫河
塔德穆爾
舒巴特恩利爾
哈布爾河
馬里
亞述
亞述城
尼尼微
大札卜河
小札卜河
底格里斯河
幼發拉底河
敘利亞沙漠
埃什努納
埃姆特巴勒（雅姆特巴勒）
埃蘭
西帕爾
庫塔
基士
巴比倫城
博爾西帕
迪勒巴特
瑪拉德
馬什干夏皮爾
尼普爾
伊辛
烏魯克
拉爾薩
烏爾
埃里都
公里
0
200
英里
0
100
漢摩拉比登基時的巴比倫王國
漢摩拉比逝世時的王國主要領土
漢摩拉比晚年可能的征戰範圍

圖 2　漢摩拉比的王國。

他領導後來建立巴比倫王國的亞摩利人脫穎而出。但因為他本身從未定居巴比倫城，學界如今傾向把繼承他王位的蘇姆拉埃勒（c.1880-1845 BC）視為巴比倫王國的真正奠基者。據信，蘇姆拉埃勒蓋了一座宮殿和環繞巴比倫的防禦城牆。其他早期的巴比倫國王監督城內新運河的建設。然而，古巴比倫統治者修築的運河中，最重要的是那些位在從事農耕的鄉村的運河。這些水道是巴比倫尼亞的命脈，提供國家日後成長與繁榮的必要基礎。

可是，從蘇姆拉埃勒登基，到他的第三位繼任者、漢摩拉比的父親辛穆巴利特（Sin-muballit）於西元前約一七九三年逝世，在這段將近九十年的時間裡，巴比倫仍然只是近東世界相對次要的一個勢力。伊辛和拉爾薩是南美索不達米亞在這段時間的主要勢力，迪亞拉河（Diyala）流域的埃什努納（Eshnunna）和伊朗西南部的埃蘭也脫穎而出，是同一時代的其他強國。儘管它們持續對巴比倫王國的生存構成威脅，但辛穆巴利特統治下相對較小的版圖（可能不到一萬平方公里）在漢摩拉比繼位時發展得非常好。它的內部穩定，相對繁榮，而且因為有許多固若金湯的城市，不怕外來攻擊。

即使如此，它的存在仍然脆弱。在這個時代想要存活，代表得和區域裡更強大的勢力結盟（有時甚至要接受歸順於區域強權）。對巴比倫而言，這些強權分別是北邊薩姆什阿杜的上美索不達米亞王國，和南邊當時由瑞姆辛統治的拉爾薩王國。明智地和強大鄰國締結政治及軍事同盟，避免得罪他們並取得他們保護，使巴比倫不受其他強權的侵害，這給漢摩拉比足夠的喘息空間在父親打下的經濟基礎上做建設，進一步發展運河，也加強首都的防禦工事。除此之外，他還維護既有的神廟並建造新的神廟。他對於王國抄寫中心的支持，肯定對提高王國的行政效率有所幫助，再搭配上社會改革計畫，又更加強化了王國的內部穩定。特別是在他所從事的建設和司法活動中，漢摩拉比示範了一個國王最重要的其中兩項責任——做一個偉大的建設者和偉大的社會改革者。

或許早在統治之初，漢摩拉比就有成為一位偉大軍事領袖的理想。保護和鞏固他已經擁有的一切將是頭號要務。但在統治的第六年，他已經向世人揭露自己的擴張野心，襲擊伊辛和當時屬於拉爾薩王國的烏魯克（Uruk），大展軍事肌肉，然後在接下來幾年，繼續出兵討伐區域內的其他國家。在當政的中期，漢摩拉比顯然已經成為當代的重要統治者之一。這一點在馬里某位官員寫給一些國王臣民的信裡相當清楚，馬里當時的國王名叫茲姆里利姆（Zimri-Lim）。信裡有一段寫道：沒有國王獨自一人掌握權力。有十到十五位國王追隨巴比倫的漢摩拉比，同樣數量的國王追隨拉爾薩的瑞姆辛、埃什努納的伊巴勒皮埃勒（Ibal-pi-El）和卡特納的阿穆特皮埃勒（Amut-pi-El），還有二十位國王追隨雅姆哈德的亞里姆利姆（Yarim-Lim）。

我們應該把馬里加到這份五個王國的名單上，誠如官員在信裡更後段所做的一樣，然後還有美索不達米亞東邊的埃蘭王國，埃蘭當時的統治者可能是所有國王中最強大的。統領這些國家的霸主們聯合起來，控制著從敘利亞西部一直延伸到美索不達米亞和伊朗西南部的廣土眾民。若是當中的某個國家侵略另一個國家，很可能會引發其他國家群起討伐，這對於維持整個區域的相對和平穩定，是相當有效的保證。最終，在和其他幾位國王締結一連串機關算盡的聯盟後，漢摩拉比準備從以防禦為主的戰略，轉向他自己想要的更具侵略性的軍事擴張。他主政時的轉捩點出現在西元前一七六三年，也就是登上王國大位的三十年後。

這一年，漢摩拉比和以埃蘭人為首、有埃什努納軍隊參與的聯軍正面交鋒，而且擊敗了他們，從而獲得對底格里斯河地區一大片領土的控制權。隔年，埃什努納本身也被他征服。大概也是在這個時候，他以拉爾薩拒絕支持他對抗埃蘭人的戰爭為由，揮軍攻打拉爾薩，並在圍城六個月後成功奪下城池。拉爾薩最傑出的統治者瑞姆辛的長期統治就此告終，瑞姆辛成為漢摩拉比的階下囚。漢摩拉比饒恕了這座城市以及其居民和建築，只毀壞了城市的防禦工事。拉爾薩自此成為迅速擴張的巴比倫王國不可分割的一部分，連同一起被併入巴比倫王國的還有拉爾薩的所有附庸領土，包括伊辛、烏爾和烏魯克。但漢摩拉比並未就此罷手。

漢摩拉比現在把注意力轉向幼發拉底河的西邊，進軍馬里王國，占領其首都。漢摩拉比和他的部隊在那裡待了幾個月，時間長到足以搶光城市的大部分物品運回巴比倫。然後他一把火燒光了馬里所有的重要建築。現在，還保有獨立地位而沒被巴比倫併吞的重要國家，只剩下敘利亞西部的雅姆哈德（阿勒坡）王國和卡特納王國。由於和漢摩拉比的權力基地距離遙遠，使他們免受任何巴比倫入侵的真實威脅。

漢摩拉比在位的最後幾年，他似乎至少對北美索不達米亞發動了兩次戰役。這些戰役將使他的軍隊穿越前上美索不達米亞王國的大部分北部領土。儘管漢摩拉比可能沒有取得對這些地區的任何實質控制，但他執政最後十年的軍事成就，無疑使他成為美索不達米亞最強大的國王。事實上，他誇口說自己是「讓天下四方都臣服的國王」。漢摩拉比的說法顯然是誇大其辭。但當時，在政治和軍事實力上，只有控制幼發拉底河和地中海之間大部分地區的雅姆哈德統治者能與他媲美。巴比倫和雅姆哈德現在是近東世界無可爭議的兩大霸主。

漢摩拉比的繼任者

在五位繼任者的統治下（在位時間都很長），漢摩拉比建立的王國還會再延續一百五十五年。但在這位大人物去世後的幾年內，衰落就開始了。這點在他的兒子兼繼任者薩姆蘇伊路納（Samsu-iluna, 1749-1712 BC）統治期間顯而易見。在漢摩拉比統治的末年，薩姆蘇伊路納已經承擔起一些王權的責任。薩姆蘇伊路納似乎是一位盡職又精力充沛的統治者，試圖維持父親為王國贏得的地位和權力，甚至可能試圖在此基礎上再接再厲。因此，他可能沿著馬里以外的幼發拉底河征戰，並在那裡短暫吞併了一個名為哈納（Hana）的新興王國的領土；哈納的統治者打算填補馬里垮臺在區域內留下的權力真空。

但在薩姆蘇伊路納執政第十年時，巴比倫王國其他地方出現了嚴重問題，特別是王國的南半部。根據出自他在位第十年和第十一年的文本顯示，國王失去了對許多南方城市的控制（有人認為這是由環境及政治原因造成的），其中可能包括聖城尼普爾（Nippur），還有最南邊的烏爾城。在薩姆蘇伊路納的治理下，巴比倫尼亞北部似乎一直保持穩定繁榮，事實上，北部的城市可能為來自巴比倫尼亞南部城市的難民提供了新家園。但南部的政治動盪還在延燒，那裡和東北部及東部邊境，都爆發起義。動盪在薩姆蘇伊路納剩餘的統治期間大概還持續著，事實上，在他之後久久都未平息。

這些起義背後的原因是巴比倫尼亞出現了新的部落團體，至少是間接的推動因素。其中值得注意的是一群來自東方的牧馬移民，他們最初占領了零碎的底格里斯河地區，然後朝巴比倫尼亞各地蔓延，直至幼發拉底河中游。他們對巴比倫尼亞的滲透似乎大致上是和平的。移民在文本中以傭兵和農莊僱工的身分出現，有些時候，他們本身就是購地者。不過，他們也捲入了和巴比倫人的對抗，正如薩姆蘇伊路納及其兒子兼繼任者阿比埃蘇赫（Abi-eshuh）統治時期的文獻所示。這些移民被稱為加喜特人。

薩姆蘇伊路納在位的最後幾年面臨了另一個嚴重威脅——這次威脅來自巴比

倫最南端的沼澤地。那裡興起了一個新勢力，稱為第一海國王朝（First Sealand Dynasty）。在薩姆蘇伊路納和阿比埃蘇赫統治期間，海國人對巴比倫尼亞南部造成極大的破壞。他們可能還一度控制了巴比倫尼亞北部的部分領土。

如同他們之前的列王先祖，古巴比倫王朝的最後三位國王似乎也孜孜不倦地履行王權的職責——建設和維護運河系統，強化王國控制下的城市防禦工事，以及鎮壓叛亂。他們都沒有成功扭轉巴比倫王國衰落的趨勢。但他們仍保有對巴比倫尼亞北部領土和城市的控制。

同時，由於他們的積極提倡和鼓勵，包括數學在內的科學和各種藝術似乎在仍由他們控制的城市蓬勃發展。這反映在許多抄寫中心在王室的支持下成立。他們透過在巴比倫和其他城市建造或修復神廟和聖殿履行宗教義務，特別重視榮耀馬爾杜克神（Marduk）。他們認真地維護正義守護者的角色，這一點從他們在統治期間頒布「正義法令」（*mīšarum* decrees）可見一斑，「正義法令」特別關注以提供救濟給因無法償還債務而受苦的人為宗旨的改革。

古巴比倫王國歷史的最後一段故事，發生在西元前十六世紀初。西元前一五九五年左右，西臺國王穆爾西利一世（Mursili I）在敘利亞北部取得軍事勝利，摧毀阿勒坡王國之後，接著揮軍東進幼發拉底河，然後沿著河流南下到巴比倫城。巴比倫當時在位的國王，是王朝的最後一位繼任者薩姆蘇迪塔納（Samsuditana）。穆爾西利圍攻王國都城，征服、掠奪，然後摧毀了巴比倫。古巴比倫王國正式終結。

第二章

從《漢摩拉比律法》看巴比倫社會

為了不讓強者欺壓弱者，為了給孤兒寡婦伸張正義，我把我寶貴的諭令刻在我的石碑上，立在人稱正義之王的我的雕像前，就在安努神和恩利爾神（Anu and Enlil）高舉的巴比倫，磐石堅固如天地的埃薩吉拉神廟裡（Esangila），為這個國家提供審判和裁決，並為受壓迫者伸張正義。

——《漢摩拉比律法》（the Laws of Hammurabi）結語

漢摩拉比的石碑

在西元一九〇一年至一九〇二年間，法國發掘團隊於伊朗西南部、埃蘭王國的傳統首都蘇薩古城（Susa），挖出一通約二．二公尺高的宏偉石碑（石柱），由稱為閃長岩的黑色石頭雕刻而成（圖3）。石碑正反面皆刻有文字，內容長達數百行。碑文上方的浮雕描繪一名神祇坐在寶座上，面前站著一名人類，浮雕占

圖 3　漢摩拉比律法石碑上的漢摩拉比和沙馬什神。（© Ivy Close Images/ Alamy Stock Photo）

據石碑正面頂部三分之一的面積。這通石碑是西元前十二世紀埃蘭國王在美索不達米亞征戰和掠奪帶回蘇薩的最珍貴戰利品之一。石碑描繪的是正義之神沙馬什（Shamash），站在祂面前的人類是祂在人間的代表：巴比倫國王漢摩拉比，他正要接下神給他的「杖與環」，可能是一根測量桿和一卷捲繩——作為統治的象徵。

石碑刻有一連串法條，基本上視漢摩拉比為巴比倫人的牧者，最重要的角色是擔任百姓中弱小之人的保護者。碑文以一種相當古老的文字書寫，年代可以追溯到幾個世紀前的阿卡德王家諭令，碑文原來包含約二百七十五至三百條法條，前有〈序言〉，後有〈結語〉。我們無法確定法條的確切數字，因為碑文正面的最後七欄文字已經被埃蘭人抹除。然而，我們從許多流傳下來的抄本和副本，幾乎可以推論出所有短缺法條的內容。

法國發掘者從蘇薩把漢摩拉比的石碑帶到巴黎，今天，石碑被陳列在羅浮宮。在漢摩拉比統治的整個王國範圍內，大概所有最重要的神廟中，國王都下令豎立刻有《漢摩拉比律法》的石柱，這通石碑只是其中之一。其餘的石柱無一倖存，至少肯定沒有留在原位，不過法國團隊挖掘期間在蘇薩似乎發現了另外兩根石柱的殘片。但《漢摩拉比律法》具體內容的抄本或摘錄倒是有留下來，在美索不達米亞各地的許多遺址都有出土，保存狀態不一。有些抄本或摘錄可以追溯到漢摩拉比的時代，或是漢摩拉比王朝繼任者的統治時期。但其他抄本和摘錄則屬於更晚的時期——事實上，有些甚至晚至西元前七世紀和前六世紀的新亞述和新巴比倫時期。

這並不代表《漢摩拉比律法》本身在這數百年間仍保有約束力，或是具有任何法律地位，無論它們最初具有何種效力或地位——我們之後會回來討論《漢摩拉比律法》的法律地位這個問題。事實是，《漢摩拉比律法》在古巴比倫尼亞世界後繼的諸王國及文明的文獻庫中，取得了文學經典的地位。《漢摩拉比律法》成為未來幾個世紀書寫教育不可或缺的一部分。這點使它們被一代又一代的文士反覆抄寫，因此來自許多不同時代的抄本或抄本殘件得以流傳至今。

《漢摩拉比律法》的性質和內容

夾在〈序言〉和〈結語〉之間的法條，是在漢摩拉比漫長統治的最後幾年（大概是他在位的第三十九年，即西元前一七五〇年代末）編纂並公告的。在〈序言〉和〈結語〉尤其是在〈結語〉之中，漢摩拉比國王強調他在王國的土地上作為正義的執行者，以及社會最弱勢成員、最容易受到剝削和傷害之人，像是流浪兒和寡婦的保護者。漢摩拉比的神聖職責也要求他成為一個偉大的建設者，我們從〈序言〉得知漢摩拉比透過修復和建設國境內的城市來履行這項義務，尤其是城市的神龕、神廟和聖所。但最重要的是，漢摩拉比呈現給我們的形象，是一位在治理百姓方面公正、賢明又富有同情心的國王。

漢摩拉比最剛開始執政時就強調，正義是王權的首要責任，把繼位的第二年稱為他「在這片土地上建立正義」的一年。這裡的「正義」是巴比倫名詞「米夏魯姆」（*mīšarum*）的翻譯，「米夏魯姆」是國王定期頒布的一種諭令，用來減輕臣民的社會和經濟困難。在債務負擔擴散，並威脅到整個社會的經濟穩定時，國王宣布減免全民的債務。「米夏魯姆」國王有責任在特別困難的時期向最需要的人提供保護，「米夏魯姆」就是具體實例。漢摩拉比在統治的第二十二年又頒布了一次「米夏魯姆」。後來他的王朝繼承者，從薩姆蘇伊路納開始，仍持續定期頒布這種公告。

支撐《漢摩拉比律法》的整體概念和意識形態本身並沒有高度的創新性。它們主要受到三位早期國王——烏爾第三王朝的烏爾納瑪（Ur-Namma）、伊辛王朝的利皮特伊什塔爾（Lipit-Ishtar）和埃什努納國王達杜沙（Dadusha）——所編纂的法律文本啟發，有時還模仿它們。和《漢摩拉比律法》一樣，這些國王的法律文本非常關心保護弱小。因此，在這方面，漢摩拉比是延續一個早已確立的法律改革傳統，甚至在他的《律法》裡採用類似的措辭形式。和先前的法律文本一樣，《漢摩拉比律法》是以條件語句表達：如果（某人做了／遭受了某事），那麼（這將是他的後果）。在內容和表達形式上，漢摩拉比的許多法條都維持著悠久的法律傳統。

但有些法律制訂的規定和過往有很大的不同。最引人注目的是展現「同態報復」原則（*lex talionis*）的例子——為報復而報復，用《聖經》的話來說，就是「以眼還眼，以牙還牙」。因此，如果一個建築工為人建造的房屋非常不穩固，以至於房屋倒塌殺死了屋主，那麼建築工應該被處死（《漢摩拉比律法》第 229 條）。如果受害者恰好是屋主的兒子，那麼應該將建築工的一個兒子處死（《漢摩拉比律法》第 230 條）。這些法條可能和亞摩利社會較早期的游牧階段相似，在當時，同態報復式的懲罰大概是伸張正義的標準手段。我們不知道同態報復原則應用在古巴比倫社會城市社群的實際程度和頻率。然而，它確實為《舊約聖經》律法的類似規定提供了判決先例。

為了確保國家的公平正義，《漢摩拉比律法》涵蓋許多刑事活動，包括傷害、竊盜、搶劫、過失犯罪和殺人。此外也涵蓋了社會上的民事和商業活動，例如房地產的銷售和租賃、繼承權，以及設備和勞工的僱用費。此外，許多法條都和婚姻規定、離婚和繼承權有關，主要是因為婚姻及其結果會帶來非常重要的財產分割與轉讓問題。在涵蓋以上問題和許多其他事項的同時，《漢摩拉比律法》也包括巴比倫社會在這個時期的各種資訊，包括王國的社會結構、農業和經濟活動、支撐其物質及文化發展的職業和手工藝、構成其商業活動基礎的商品，以及收購奴隸與奴隸在社會上扮演的角色。

社會階層制度

《漢摩拉比律法》最重要的其中一面，是提供有關巴比倫社會裡階層制度的資訊。首先，有一個階層的人稱為「阿維路姆」（*awīlum*）。這個詞一般譯為「自由民」，涵蓋各式各樣社會地位高低不一的個人，從比較菁英的職業階層（推測應該包括文士）到工匠、手工業者。儘管在自由民的分類中顯然也存在社會階層，「阿維路姆」這個詞最廣義的意思，適用於擁有自由、獨立地位的許多人。這些人通常和宮廷有密切的往來。有時他們被委派出任宮廷官僚體系的高階職位。但如果他們能取得職位，他們的官職固然拜國王所賜，但是同時大概也取決於他們自己的能力。他們的官職並不是一種世襲權利。阿維路姆一詞絕不是用來稱呼巴比倫社會的貴族階層成員，不過在某些情況下，阿維路姆這個詞似乎被用在這個社會的菁英、特權分子身上——因此，阿維路姆有時會翻譯作「紳士」（gentleman）。

阿維路姆和他的家人獲得宮廷贈與的土地，現代學者將這些土地稱之為「薪俸」（prebends，可能是農地、果園和莊園內的房屋），阿維路姆通常從這些土地的農產獲得主要的生計支持。但獲贈土地的受益人也得承擔起為宮廷提供某些產品或服務的義務。這些義務可能是向宮廷繳交部分的莊園農產、為仍由宮廷直接管理的莊園提供勞動力，或是為國王履行其他職責，像是服兵役。在許多情況下，薪俸由父親傳給兒子，留在同一個家族裡——所以至少在這個意義上，阿維路姆的地位有世襲的一面。阿維路姆必須提供的服務稱為「伊勒庫姆」

（*ilkum*）。伊勒庫姆這個詞和國王把土地分配給社會各階層的百姓，以換取受贈者為他效勞有關，有時候伊勒庫姆是民事性質的服務，有時是軍事性質的服務。在國王的軍隊中作戰的人通常會得到伊勒庫姆田地的報酬，沒有參與軍事行動的時候，他們就靠這塊土地維生。而且土地受贈者有義務確保自己的土地得到最大程度的農業利用，為王國的整體糧食生產做出貢獻。

阿維路姆經常把根據伊勒庫姆制度授予他的土地，承包給其他自由但地位較低的人。這些人占巴比倫尼亞各地城鎮的大多數人口。他們被稱為「穆什基努姆」（*muškēnum*），通常譯為「平民」（commoner）。但考古學家伊娃·馮達索（Eva von Dassow）指出，阿維路姆和穆什基努姆都可能富有或貧窮，而且都可能受惠於國家，或向國家提供服務；主要的差別是穆什基努（*muškēnū*，「穆什基努姆」的複數形式）需要服從權威，而阿維路（*awīlū*，「阿維路姆」的複數形式）則行使權力，阿維路階層組成議會並擔任地方行政官。

穆什基努姆主要仰賴自己的個人資源維繫生計，像是出租自己的農業勞動力，抑或在阿維路姆或宮廷直接承包給他的土地上做佃農。順利的時候，土地的農產足以養活穆什基努姆和他的家人，而且有夠多的餘糧支付地主或出租人，從而履行他的租佃義務。又或者，他像阿維路姆一樣，獲得國王贈與的土地，耕作這塊地以維持自己和家人的生計，作為交換，他要為國王效勞，可能包括為屬於宮廷的莊園提供勞動。艱困的時候，譬如經歷漫長的旱災，穆什基努姆可能連生存都有困難，若非收入被剝奪，就是因為無力支付租賃土地的租金而負債。如果穆什基努姆的租期被延長，那麼他有彌補赤字的機會，但是如果遇到連年歉收，只會徒增他的債務責任。

或者，自身擁有土地的穆什基努姆可能會因為沒有足夠的農產支撐生計，被迫以土地為抵押貸款。利率顯然非常高——例如，銀子的貸款利率為二十％，大麥的貸款利率為三三．三％。如果這位穆什基努姆無法償還貸款，就必須把土地交給債權人，然後再向債權人租回土地。如果後來他付不出田租，就會陷入更大的債務危機。正是為了回應這樣的情況，國王有時會頒布「米夏魯姆」諭令，宣布免除全民的債務，作為經濟困境蔓延到王國各地時的短期紓困措施——譬如在乾旱持續太久導致歉收的時期。

國王沒有頒布債務減免的諭令時，債務人如果無法履行對債權人之財務義務，可能被迫把自己及／或其他家庭成員賣給債權人當奴隸。這顯然是一個常見的處境，對穆什基努姆階層的影響尤甚，他們沒有阿維路姆階層因為和宮廷往來而享有的保護。《漢摩拉比律法》的確有一條規定，把債務人或其家庭成員必須到債權人家裡服務的債務奴役時間限制在三年內（《漢摩拉比律法》第 117 條）。不過，儘管這項法條或許減輕了無限期債務奴役可能對社會造成的災難性經濟影響，但是它本身並不能幫助緩和最初導致債務奴役的情況。時局艱困的時候，一位穆什基努姆可能是他所屬的社區裡極為脆弱的成員。

奴隸

《漢摩拉比律法》裡提到的第三種、也是地位最低的階層分類是瓦爾都姆（*wardum*）和安姆圖姆（*amtum*），分別指男性奴隸和女性奴隸——「瓦爾都姆」也被用來統稱任何從屬於較高地位者的人。因此，宮廷的高級官員也可以被稱為「瓦爾都姆」，也就是國王的「奴隸」或「僕人」——除了無法償債而暫時淪為同胞奴僕的巴比倫人之外，奴隸的取得是透過境外巴比倫尼亞商人的貿易活動，或透過輸入作為軍事行動戰利品的戰俘。戰俘似乎大多數成為國王的財產，國王將戰俘安置在特殊的營房，使用他們從事公共建設，或指派他們到神廟工作。有些私人奴隸留著某種獨特的「奴隸髮綹」（《漢摩拉比律法》第 146 條）作為顯著的標記，受僱到主人家從事家務和磨麵粉之類的基本任務。女性奴隸則被分配幫主人家成員編織衣服的工作。

如同我們所見，在別人家裡當債務奴隸而且本身可能就是巴比倫人的人，經過幾年的奴役就會重拾自由。透過貿易或作為戰利品從巴比倫尼亞以外的地區獲得的奴隸，則可能終身都會是奴隸，而他們在主人家生下的子女從出生起就是奴隸。我們從《漢摩拉比律法》看出，這些私人奴隸以及國有奴隸有時會試圖逃跑，而法律嚴懲窩藏逃亡者的人，並獎勵捉捕奴隸、且將逃亡者歸還給他的主人的人（《漢摩拉比律法》第 16、17 條）。然而，私人擁有的奴隸似乎並非都過著沉重的生活，而且總是有得到解放的可能性。

階層之內和階層之間的婚姻

現在，讓我們把注意力轉向《律法》之中，同時提到前文討論的三種階層的一項法條。這項法條規定，如果宮廷的奴隸或平民的奴隸和阿維路姆階層的女性結婚，然後生下孩子，奴隸的主人不能主張對這些孩子的所有權（《漢摩拉比律法》第 175 條）。

《律法》有許多和婚姻有關的法條，這項法條是其中之一。這些法條著重實際問題，例如聘禮、繼承權，以及離婚，或配偶任一人死亡之時對婚姻附帶的財產（例如新娘的嫁妝）或在婚姻中積累的財產的處置。這些法律特別值得注意的一面，是它們對不同地位的人（奴隸和自由人）通婚所做的規定。《律法》明定條文處理這類情況，就表示這樣的婚姻不存在任何法律障礙，以及確實有這樣的婚姻發生。我們不清楚的是這些跨階層婚姻發生的頻率。對於這類婚姻，顯然有令人充滿疑問之處，我們也沒有明確的答案。例如，阿維路姆階層的女性有什麼理由和奴隸結婚？奴隸的主人又有什麼理由同意這樣一樁婚事？尤其是對於後者，結婚誘因一定必須相當可觀——畢竟根據法條的規定，雙方結合產生的後代將會是自由人，反觀奴隸主人擁有的兩個奴隸，其結合產生的後代將自動變成雙親主人的財產，因此仍然屬於雙親的主人。

《律法》中的進一步規定（《漢摩拉比律法》第 176 條 a 和 b 款）適用於阿維路姆婦女實際進入她的奴隸丈夫家庭的情況，無論這名奴隸是宮廷的財產，還是平民的財產。妻子甚至可能會帶來嫁妝。如果奴隸丈夫死亡，嫁妝和雙方在婚姻期間累積的任何財產要怎麼處理？《律法》規定，如果女方當初帶來了嫁妝，應將嫁妝歸還給她，而夫妻雙方在婚姻期間積累的任何財產，應由已故奴隸的主人和奴隸的遺孀平均分配，遺孀也代表了婚姻中所生的子女。所以，很明顯的，奴隸和自由人的婚姻並沒有改變他的奴隸地位，不過他的孩子從出生起就是自由的，就繼承方面來看，他們在父親死後的財產分配中得到了公平的對待。

一般而言，漢摩拉比的婚姻法條和「禮物」有很大關係，也就是構成部分婚姻約定的財產。婚姻要被認定為有效，最起碼必須加入某種形式的法律合約（《漢摩拉比律法》第128條）。有些法條提到了準新郎在結婚前向未來的岳父支付的「聘禮」。聘禮是一種保證，既是新郎給予的保證，也是接受聘禮的岳父的保證，確保雙方都會遵守他們做出的約定。給予聘禮似乎是傳統婚前儀式的一部分，不過我們無法根據《律法》分辨贈送「聘禮」是不是婚姻的標準序幕。此外，新娘帶著嫁妝進門是習俗，而在正常情況下，她帶來的嫁妝會留在新家，但實際上從未受到丈夫的控制或成為丈夫的財產。我們從處理婚姻結束後出現的財產問題的法條，能夠了解到這一點。

總體而言，婚姻為一夫一妻制，在婚姻關係中應當保持忠誠，尤其是女性。舉例來說，如果女性和一位不是她丈夫的男人被「捉姦在床」（*in flagrante delicto*），這對戀人必須接受所謂的「河水審判」（River Ordeal）。我們不知道這種「審判」的本質是什麼。但從《漢摩拉比律法》第 129 條來看，如果「河水審判」證明雙方都有罪（在審判的過程中顯然沒有殺死他們），戴綠帽的丈夫不能要求國王將妻子的情人判處死刑，除非他同意將妻子同時處死。《西臺法律彙編》也有一條類似的規定。另一方面，如果丈夫在沒有證據支持其主張的情況下，指控妻子通姦，妻子只要予以否認，就足以免除她的任何罪責，而且確保她得以繼續留在丈夫家裡（《漢摩拉比律法》第 131 條）。如果妻子是被其他人指控的話，似乎就不一樣了。在這種情況下，她必須接受「河水審判」，證明自己的清白（《漢摩拉比律法》第 132 條）。最後這兩項法條似乎真正反映著過去的具體案例，而導致這些個案判決的不明事件，肯定比直白的法律文字所表示的更為複雜。

丈夫離婚的另一個理由是妻子不能為他生育後代。如果他以此為由提出離婚，而妻子在其他各方面皆無過錯（事實上，在生育方面，她也可能沒有過錯，不過《漢摩拉比律法》不承認這種可能性），丈夫必須在將妻子逐出家門（以便迎娶有望生育的第二任妻子）之前，給予妻子足夠的補償。補償的具體形式是和丈夫當初訂定婚約所付聘禮等額的銀子，以及返還她的嫁妝（《漢摩拉比律法》第138條）。無法生育的補償和鋪張浪費、說丈夫壞話、拋棄丈夫的妻子受到的對待是相反的。這些行為會讓丈夫有理由和妻子離婚，並將她逐出家門，而不給予任何補償。另一種情況是，丈夫也可以決定不和她離婚，然後娶另一個妻子代替她，把一號妻子的地位貶為家中奴隸（《漢摩拉比律法》第141條）。但法律不完全是單方面的規定。如果丈夫反覆無常並辱罵妻子，女方也可以要求離婚。如果妻子將此事告上法庭，而且得到對她有利的判決，就會獲准離婚，然後她可以帶著嫁妝返回她父親的家（《漢摩拉比律法》第 142 條）。

為了遵循《律法》關注的其中一項要點——保護社會最弱勢的成員——有幾項法條為那些丈夫被俘虜的妻子提供了保障（她們的丈夫可能是在軍事行動中被敵人俘虜）。很可能有一套實際運作的福利制度，用來支持作戰陣亡者及作戰失蹤者的遺孀。《律法》沒有證實這套制度的存在，但確實承認因為丈夫被俘虜而未能返家的妻子遭遇的困境。在這種情況下，如果妻子會陷入赤貧，她可以搬進另一個男人的家中，理當會帶上她的孩子，而不構成犯罪（《漢摩拉比律法》第 134 條）。有一個後續法條（《漢摩拉比律法》第 135 條）規定，如果被俘虜的丈夫重獲自由返家，妻子必須回到他的身邊；但她和另一個男人同居期間生下的孩子將繼承其生父的財產。

《律法》非常重視保護繼承人的權利。繼承權適用於一位阿維路姆和女奴生下的孩子，也適用於他和「第一順位妻子」生下的孩子。如果男人承認任何他和女奴生下的孩子是自己的孩子，他們應與第一順位妻子的孩子平分父親的遺產，但第一順位妻子的兒子將是「優先繼承人」，可以優先選擇分配的遺產（《漢摩拉比律法》第 170 條）。即使父親沒有正式承認女奴為他生下的孩子，孩子連同他們的女奴母親也將在父親死後獲得自由，不會繼續在他的第一順位妻子家中為奴（《漢摩拉比律法》第 171 條）。

正義因人而異

儘管《律法》關心確保社會上人人享有正義，漢摩拉比的正義在對待其管轄範圍內的不同階層時並不公平。這在處理刑事犯罪的條款中尤其明顯。對違法者施加的刑罰，會根據他所屬的階層和受害者所屬的階層而有所不同。因此，如果一位阿維路姆弄瞎了另一位阿維路姆，或折斷了他的骨頭，違法者將根據同態報復原則遭受同樣的命運（《漢摩拉比律法》第 196-7 條）。然而，如果這位阿維路姆對一位穆什基努姆造成同樣的傷害，他只會被處以罰金——金額是六十舍客勒（shekel）銀子（《漢摩拉比律法》第 198 條）。如果這位阿維路姆對一位阿維路姆的奴隸造成同樣的傷害，他必須交出等同該名奴隸價值半價的銀子（大概是交給奴隸主，《漢摩拉比律法》第 199 條）。一位阿維路姆階層成員對另一位地位相當的阿維路姆階層成員犯下的輕罪（具體提到了「打耳光」），可處以六十舍客勒銀子的處罰（《漢摩拉比律法》第 203 條）。但如果受害者是地位比較高的阿維路姆，那麼對他造成傷害的違法者將被施以公開鞭刑（《漢摩拉比律法》第 202 條）。一位阿維路姆的奴隸如果對一位阿維路姆階層成員「打耳光」，他的一隻耳朵會被割下（《漢摩拉比律法》第 205 條）。

巴比倫人真的能讓正義伸張嗎？

漢摩拉比下令在王國各城市豎立無數刻有其《律法》的紀念碑，背後的一個重要原因是為了盡可能確保他的臣民能看到《律法》的規定，然後據此尋求正義。因此，國王在《律法》的〈結語〉說明，任何認為自己在訴訟受到冤屈的人，都應該到國王的石碑和雕像前，然後讓人為他宣讀石碑上的規定。這將使他清楚知道自己是否受到了公正的對待。

對任何讀寫能力有限或完全不識字的漢摩拉比臣民來說，這並不會妨礙他們從國王的諭令中認識自己的權利。文士被規定要為不太識字或完全不識字的人宣讀《律法》中任何有關他們所涉及、以及他們想尋求建議的法律情況之陳述——其實就是要為任何人宣讀，無論其識字能力。諮詢者有可能得為此僱用自己的宣讀者。但宣讀者可能是宮廷任命的人員，派駐在紀念碑旁邊，也許採輪班執勤制，以確保總有一位以上的人員在場，應對尋求徵詢《律法》內容，且很可能總是在排隊的人潮。

然而，這一切實際上代表了什麼呢？詢問者是否總能找到一項或多項法條，剛好專門在處理他們尋求建議的事務？此外，他們可以用《律法》提供給他們的資訊做什麼？首先，現代學者不再使用「法典」（Code）稱呼《漢摩拉比律法》，因為「法典」這個詞代表了有系統且全面的法規總集，涵蓋一切可能發生的法律情況，無論刑事或民事的性質。然而事實上，《漢摩拉比律法》適用的情況一點也不廣泛，它只是提供可能涉及法律行動的案件範例，有時法條之間甚至相互矛盾。《律法》中的這些法條也沒有任何民法和刑法的明確區分。最重要的是，它們似乎對巴比倫王國的法院不具任何約束力。

在這裡，我們必須強調很重要的一點。《律法》本身只呈現古巴比倫社會的局部樣貌。同時代的法律及行政公文和書信，對於更完整地闡述社會概況至少同樣重要。這些公文往往提供巴比倫司法制度在實務上的具體實例。有數百封和法律有關的書信是由個別公民寫給負責司法行政的各個當局，其中還包括寫給國王本人的書信。國王寫給地方總督的數百封書信也流傳至今，其中有很多封信是針對向國王尋求建議的法律案件下達指示。法院對提交審判的事務做出的決定會被記錄下來，然後轉交給勝訴的訴訟當事人，作為將來該情事再次成為法律訴訟案的參考。雖然《漢摩拉比律法》是本章討論的重點，但是書信和其他法律及行政公文，對《律法》內包含的資訊做了很多補充——關於巴比倫社會的階層結構、家庭在巴比倫生活中的核心重要性、和商業交易、財產及繼承權有關的規定，以及奴隸的角色和待遇。

國王是巴比倫的首席大法官，不過提交到國王法庭上的絕大多數案件，都是由他的代理人審理。國王偶爾會親自主持對下級法院判決的上訴。很多公文列出審理案件和做出判決所遵循的一系列程序。這些文書為我們提供了王國日常司法行政的第一手資訊。有時候，地方當局會就某特定案件尋求國王的建議，然後國王會在寫給他們的某一封信裡給予答覆。

舉例來說，漢摩拉比的繼任者薩姆蘇伊路納有一封書信，處理西帕爾（Sippar）地方當局移交給國王的兩個案件。兩宗案件都和「納迪亞圖姆」（*nadiātum*）有關，也就是在沙馬什神廟履行職責的女性神職人員。在其中一個案件裡，負責管理這些女性的當局抱怨西帕爾人民讓他們的女兒進入修道院，沒有提供她們任何維生的工具；她們於是吃起神廟倉庫裡的儲糧。國王在答覆中規定這些女性的親屬今後必須履行的義務，作為准許女性進入修道院或繼續住在修道院中的條件。但國王的答覆是以泛用條款的形式表達（像《漢摩拉比律法》一樣，以「如果」子句作為開頭），因此法庭不僅得到了對本案的裁決，還可以對未來可能出現的所有類似性質的案件做出裁決。

《漢摩拉比律法》的用途

這讓我們回到《漢摩拉比律法》在巴比倫社會實際上有什麼用途的問題。在討論這個問題之前，我們應該先問一個有關的問題：為什麼《漢摩拉比律法》當初會被收進一份單一的彙編裡？人們最先想到的一個答案是，這些法條本來是法律判例的集合——案件審判後，法官做出決定，案件和裁決被記錄下來，以供日後審判參考。最重要的是，《律法》的根本目的是強調漢摩拉比作為眾神任命的統治者之角色，他的首要任務是確保正義在其土地上得到伸張，而且他所有的臣民都有權受到這些法律的保護。

《漢摩拉比律法》的實際功能，並不是作為一份規範裁決的手冊，而是作為社會良善治理的指導根據和一套準則——收錄重要的正義原則。誠然，它們提到的一些刑罰極為嚴酷，很多不同的罪行都會遭受死刑和肢體殘害。諸如此類的懲罰很多可能反映出早期的亞摩利部落傳統，當時的社會比較容易被違反社會規範的人的傷害。但這些法條驅逐了「強權即公理」的概念，轉而強調確保社會所有成員都應該受到保護，包括社會上最弱小的那些人。不僅漢摩拉比大力強調這一點，在他之前的社會改革者也是如此，這個事實讓我們清楚知道，在遠古的早期社會，保護弱小這樣的概念並不是理所當然的。

第三章

古巴比倫時代的城市

想像你穿越時空回到近四千年前，落腳在漢摩拉比的首都。那時的巴比倫會是什麼樣子呢？巴比倫起初只是幼發拉底河或其支流上的一個小聚落，巴比倫在漢摩拉比掌權時已經有至少七個世紀的歷史。它的起源可以追溯到西元前第三千年紀中期。但一直到漢摩拉比主政後，巴比倫才首次綻放，成為近東世界偉大的王家首都之一。

很遺憾，古巴比倫時代的王都實體遺跡少之又少——但幾乎可以肯定它的規模比後期的王家都城巴比倫小得多。這是因為大部分古巴比倫時代的城市都被拆除了，然後被後來的王城覆蓋。因為地下水位上升，考古學家基本上無法接近僅存的一點遺跡。羅伯・寇德威（Robert Koldewey）率領德國東方學會（Deutsche Orient-Gesellschaft）在一八九九年至一九一七年間對該遺址進行的第一次主要發掘，集中在遺址的上層，最著名的是新巴比倫時代的層位，也就是尼布甲尼撒二世定都巴比倫的時代。

從一九〇七年至一九三二年間，古巴比倫城的發掘在默爾克斯區（Merkes）

進行，該區域在今天被稱為「東方新城」的地方，毗鄰城市最中心的城區。這裡發現了一些房屋的遺跡，而且從屋裡發現了少量泥板。除此之外，考古調查對漢摩拉比時代城市的了解甚少。宮殿本身，即整個王國的行政中心，似乎已經完全消失了。我們從紀錄文獻得知，和同時代多數的巴比倫尼亞城市一樣，此時的巴比倫城有城牆作為防禦，而且城裡有許多神廟，漢摩拉比王朝諸王的年名表（year-name formulae）可以為證。這些神廟包括巴比倫最重要的宗教場所埃薩吉拉神廟，以及許多供奉其他神祇的神廟，其中最重要的神祇是恩利爾、馬爾杜克、沙馬什、伊什塔爾（Ishtar）和阿達德（Adad）。

但我們沒有這些神廟的實體遺跡，至少目前還沒有任何被發現的遺跡。事實上，出自巴比倫城本身的證據極少，儘管總體來說，古巴比倫時期是經過充分證實的歷史時期，但我們對巴比倫和巴比倫尼亞最重要的認識來自王國的其他遺址，以及巴比倫尼亞之外的城市和王國。這些資訊包括文字紀錄，最著名的是在埃蘭城市蘇薩發現的漢摩拉比石碑。我們從王國的其他城市遺址，特別是南部的烏爾和烏魯克，進一步認識了古巴比倫時代的城市面貌。

烏爾城是西元前第三千年紀晚期的烏爾第三王朝的首都，它在整個古巴比倫時期一直都是重要的宗教和商業中心。在這個時期，烏爾城進行了大規模的宗教場所修復，而且開發了新的住宅區。特別是在烏爾城及尼普爾城，考古發掘工作讓我們對古巴比倫時代的巴比倫尼亞主要城市的樣貌有了清晰的認識。儘管早期的結論認為這些城市是規則的棋盤格樣式，街道筆直交叉，但考古證據顯示它們的主要幹道是狹窄蜿蜒的街道。主幹道和較小的巷弄相連，擁擠又喧鬧，當地居民必須穿過這些街道和小巷才能進到他們和家人生活的住宅街廓。

房屋用未經燒製的、曬乾的土磚建造，但有些比較高檔的住宅會在下層結構使用燒製過的磚，以防止侵蝕。房舍普遍蓋得很密集，通常有彼此鄰接的界牆，從街道巷弄經窄門而入。然而，蓋在巴比倫城默爾克斯區的富裕市民住宅，以及蓋在其他巴比倫尼亞城市類似公共空間的住宅，可以從較大的街道、乃至公共廣場進出。除此之外，房屋都被沒有開窗的素色牆壁與外界隔絕——防範大群路人和阻擋熱氣和灰塵。作為補償，住宅內部至少會有一個庭院（一些比較大的房舍有兩個或三個），生活起居的房間圍繞著庭院建造。這些房間由平屋頂遮風避雨，屋頂有一層編織的蘆葦，頂部覆蓋著摻雜麥稈混合的黏土外層。

很顯然，多數房屋的組成材料極易受到天氣狀況和其他環境因素的破壞，因此每年都需要徹底翻新，重新粉刷。木材顯然是昂貴的商品（因為樹木在巴比倫尼亞是罕見的稀有材料），僅偶爾使用，有時被用來製作門板。庭院是露天的，為房屋提供採光和通風，可能同時作為娛樂和工作的地方。考古學家海麗葉・克勞福德（Harriet Crawford）如此說道，她還指出烏爾城發掘的每個房屋大小差異懸殊，從九・六八到一九・二五平方公尺不等（尼普爾的情況也類似）。各個房屋大小的差異無疑反映每戶人家的物質條件和地位。但大房子不僅僅是展示場所，並用來炫耀主人的財富和地位。它們也是屋主所從事的各個行業總部。

有時，住宅區內大小不一的房屋互相毗鄰，或彼此非常接近。這導致學者認為定義住宅區的不是社會階層或富裕程度。相反的，規模參差的住宅群出現在不同區，反映相關家庭群體的職業，其中許多人可能從事家族的祖傳職業或生意。

如果有能力品嘗所有可供選擇的食物，巴比倫人的飲食是豐富又多樣的。魚的數量多不勝數，有時魚販還會賣蝦子和淡水螯蝦，其他攤販則提供各種水果（如椰棗、無花果、蘋果和石榴）、鴨蛋和蔬菜（如萵苣、黃瓜、洋蔥、鷹嘴豆和蕪菁）。你也可以買到羊肉、牛肉和山羊肉等肉品——不過肉類在巴比倫飲食是比較少見且價格較昂貴的食材。當季節到來時，蝗蟲會被製作成一種發酵的醬汁，為巴比倫飲食增添更多風味和變化。所有食物都可以配其中一種當地啤酒吞下肚，或在特殊場合上，搭配從北美索不達米亞進口的葡萄酒（價格昂貴！）。這些飲料有香草和香料的調味。

商人、貿易商、工匠和其他謀生者的大部分日常生意都在城門附近進行，通常是在城門內外的市場攤位上。可以想像，這些攤位也是許多社交互動發生的中心，特別是城市居民和來自巴比倫尼亞其他地方、乃至更遙遠國度的旅人之間的互動。這些旅人曾從事貿易事業和其他活動，也許他們是在城裡的家族商行的代表，從外地回到城裡。他們在旅途中收集到的消息，肯定會讓他們在歸來時受到熱烈歡迎。

城門是城市防禦的重要組成部分，因為多數城市都有壯觀的防禦工事保護。城市很大一部分的人口不是生活在城牆外的邊緣聚落，就是以佃農、受贈土地者或地主僱員的身分，在城外的土地或莊園工作；地主包括宮廷或代表國王管理城市的地方政府。包括果園和棗椰樹種植園在內的耕地，可以一直延伸到城牆，事實上，有時城牆內也會看到這樣的耕地。敵人逼近時，在城門外的邊緣「郊區」生活的居民可能會得到警報系統的示警，好讓這些「郊區居民」有機會帶著他們的牲畜及時進到城牆內，或遷往附近其他能暫時避難的防禦區。

從社會、商業和戰略的角度來看，城門是城市防禦工事最顯著的特徵。但城門也可能是最容易遭受敵人攻擊的部分。因為即使圍城軍隊未能透過城門或其他方式突破城牆，它也可以封鎖城門，從而阻止人員或貨物進出城市。成功的城門封鎖最終可能迫使城市因為喪失取得生活必需品的管道而投降。城門既可以位於城市的陸地一側，也可以位於城市的主要河道或港口一側。

巴比倫尼亞所有的城市重鎮若非位於底格里斯河和幼發拉底河這兩大河流其中之一的河畔，就是位於和它們連通的運河和水道上。無論在巴比倫尼亞的北部或南部，港口或碼頭通常是商業活動最密集的地方，用於往返城市的商品運輸。早在阿卡德帝國時期，美索不達米亞的水道就提供和南方國家、波斯灣（像是最南端的馬干〔Magan〕），以及阿拉伯海和更遠的國度（像是美路哈〔Meluhha〕）從事定期貿易的管道。從這些地方進口的物品包括來自馬干的木材、銅和半寶石，以及來自美路哈的金、銀、紅玉髓、青金石和一種黑色木材（可能是黑檀木）——美路哈的進口商品，可能也出產自其他地方。

我們已經提過，國王的主要職責之一是修復整個王國的神廟，以及建造新的神廟。每座城市都有一座主要神廟或一個神廟區，供奉其守護神——巴比倫城的馬爾杜克、尼普爾城的恩利爾、烏魯克城的伊南娜（Inanna，或伊什塔爾）、烏爾城的南納（Nanna，也稱為辛 Sīn）。城市通常也會有供奉其他神祇的神廟。

神廟作為巴比倫社會的兩大機構之一，對巴比倫社會的社會、文化和政治生活的影響和王宮相當。在巴比倫尼亞以農業為主的經濟社會之中，神廟機構作為耕地的主要所有者，在王國的整體經濟中發揮了重要作用。城市的主神廟（至少）可能占據一個面積達數英畝的區域，並包含好幾棟建築物，包括供奉神祇的神殿、舉行祭神儀式的庭院，以及存放和神祇敬拜及神祇慶典有關的宗教用具的眾多房間。

造訪巴比倫時，最吸引你目光的歷史遺跡會是一種被稱為塔廟（ziggurat，圖4）的建築，實際上塔廟也是許多巴比倫城市的特色。它採用階梯式建築的形式，階梯介於三到七層之間，每一層的面積都比下面一層小，並像金字塔一樣朝天空上升。我們不知道塔廟的確切目的或意義是什麼，只知道它明顯是一種特殊的神聖建築。有一說認為，塔廟是眾神最初居住的群山的替代品。最早的塔廟年代可以追溯到西元前第三千年紀，巴比倫尼亞的所有主要城市都至少擁有一座塔廟。有時它們矗立在城市主神的神廟區內，有時它們自成一塊神廟區。巴比

圖 4　重建的烏爾大塔廟（西元前第 3000 年紀）。（© Everett Collection Historical/Alamy Stock Photo）

倫城的塔廟位於被稱為恩帖美南基（Etemenanki）的寺院區裡。它在《聖經》傳統中是惡名昭彰的「巴別塔」（tower of Babel）。在《聖經》傳統中，建造這一座表現人類傲慢的紀念碑觸怒了神，於是祂把建造的人散布到各地，並「變亂他們的語言」，好讓他們永遠無法再相互理解或合作《創世記》11:1-9）。

第四章　加喜特人

（約西元前一五七〇年至一一五五年）

加喜特人的到來

西元前一五九五年左右，西臺人洗劫巴比倫，結束了古巴比倫王國，並且在漢摩拉比的王朝曾經統治的地區留下一段時間的政治權力真空。早在該王朝最後一位統治者在位時，王國存續的威脅已經出現，特別是來自北美索不達米亞和敘利亞北部的胡里安人（Hurrians）的威脅。但在巴比倫毀滅一段時間後，第一批真正主宰前王國領土的民族是來自南方沼澤地的一群人。他們被稱作海國人。在漢摩拉比的繼任者薩姆蘇伊路納統治時期，海國人似乎已經成為巴比倫尼亞的一支破壞勢力。隨後，在王國更晚期，他們可能對巴比倫尼亞南部地區建立起某種程度的控制，勢力範圍最北也許到達尼普爾城。還有一種可能性是，有位名叫古勒基沙爾（Gulkishar）的海國國王控制了巴比倫城本身，應該說，是它殘餘的部分，然後占領了巴比倫的王位。但支持這種說法的證據令人存疑，因為這種說法出現在古巴比倫王國覆滅的一個巴比倫文書殘片裡。

無論如何，海國人阻止另一個族群支配巴比倫尼亞的時間可能長達一個世紀，這個族群隨後控制了整個巴比倫尼亞，直到青銅時代晚期結束。這個族群的故鄉可能在歐亞草原或扎格羅斯山區，到古巴比倫王國末期時，他們已經遍布巴比倫尼亞及鄰近地區，和當地既存的居民基本上和平共處（圖5）。他們稱自己為「加勒祖人」（Galzu），但我們稱他們為「加喜特人」（Kassites）——從他們的阿卡德語名稱「加舒」（*kaššû*）音譯而來。加喜特人只是當時定居在巴比倫尼亞的眾多移民族群之一；其他遷徙至此的還有亞述人、埃蘭人、亞蘭人的前身等民族。但加喜特人的語言顯然和其他民族都不一樣。

很遺憾的，我們對加喜特語這種語言所知甚少，因為它主要流傳下來的只有專有名詞，包括許多加喜特國王的名字、阿卡德語－加喜特語辭典的斷簡殘篇、少量的其他文本，以及偶爾出現在其他史料的加喜特語單字。儘管資訊很少，但足以告訴我們加喜特語和阿卡德語或任何閃語都無關。其中一個可能源自加喜特語的專有名稱就是巴比倫在加喜特統治時期廣為人知的名字「卡爾杜尼亞什」

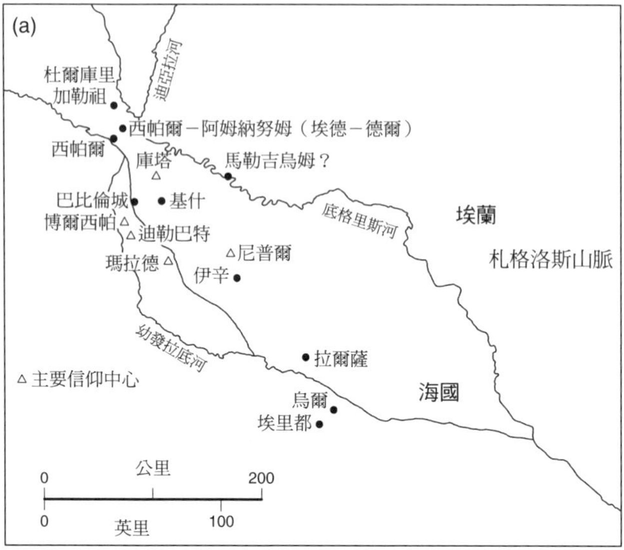

圖5

(a) 加喜特統治下的巴比倫尼亞

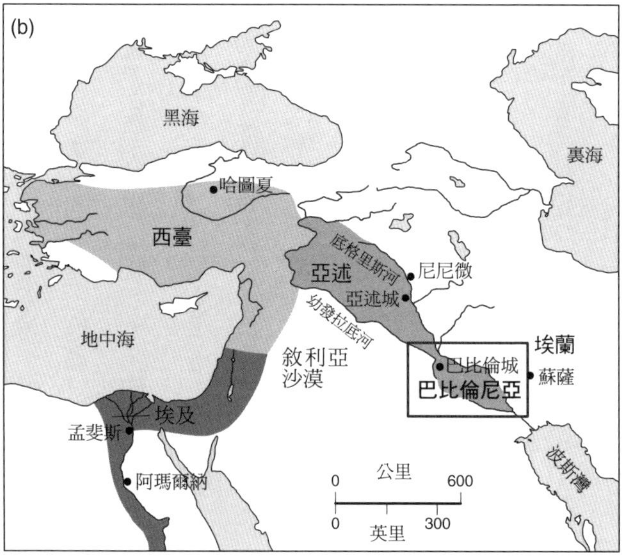

(b) 加喜特巴比倫尼亞和同時代的「偉大王國」。

（Karduniash），而同時代近東王國的國王稱呼巴比倫尼亞的加喜特國王為「卡爾杜尼亞什之地的國王」。

加喜特語幾乎滅絕的一個重要原因是，加喜特國王和加喜特人無疑被他們新家園的主要語言與習俗迅速同化了。他們的文書和銘文使用巴比倫語及蘇美語。加喜特人不僅維護這個新家園的傳統，甚至強化了傳統，重振它的活力。加喜特人的族群獨特性也變得越來越模糊，因為他們和當地人通婚，而且王室成員也和其他國家的家族締結外交聯姻。加喜特王室的族裔血統，更因為最後七位國王有五位採用巴比倫語名字，而變得更模糊。

很遺憾的，巴比倫歷史上的加喜特時期雖然綿長且極為重要，但沒有充分的書面資料記載。迄今為止，該時期已出版的紀錄文獻僅僅約有一千五百份。而且幾乎沒有任何內容可以追溯到加喜特時期的最初兩百年。這代表我們必須依賴一些破碎的資訊和很多的推測，來了解加喜特人何以最終贏得了巴比倫，並從而把影響力延伸到整個巴比倫尼亞。根據我們有限的理解，這在很大程度上要歸功於西元前十五世紀早期的加喜特國王烏蘭布里亞什（Ulamburiash），他的成就包括在長期由所謂的「海國王朝」統治的巴比倫尼亞南部建立權威。在烏蘭布里亞什和繼任者的治理下，整個巴比倫尼亞，還有巴比倫尼亞東方與南方的周邊地區，統一為一個國家。

加喜特人統治時的國家地位

學界對加喜特王朝給巴比倫尼亞帶來的最大益處頗有共識：確立巴比倫尼亞的國家地位。早些時候，漢摩拉比的統治曾擴展到整個巴比倫尼亞，於是巴比倫尼亞在政治上臣屬於他和他的繼任者。即使如此，巴比倫尼亞區域內的各個城邦認為彼此都是獨立的個體，沒有任何壓倒性的國家團結意識把它們凝聚在一起。直到加喜特王朝出現之前，巴比倫尼亞稱不上一個國家。但從那之後，巴比倫王國成為一個界線明確、邊界清晰的領土。有一些學者主張，從這之後我們才能適當地使用「巴比倫尼亞」一詞來解釋南美索不達米亞。巴比倫尼亞地區的統一，以及該地區在加喜特統治下的高度政治穩定性，使得統治該地區的加喜特國王躋身近東世界偉大國王菁英俱樂部的成員。和他們齊名的是西臺、埃及和米坦尼（Mittani，後來被亞述取代，米坦尼和亞述的核心地帶占據了相當大的北美索不達米亞地區）的統治者。所有統治者都互相稱呼對方為「偉大的國王」，並稱呼彼此為「我的兄弟」。值得注意的是，正是在加喜特時期，巴比倫語成為青銅時代晚期的近東世界各地的國際外交語言。

毫無疑問，巴比倫尼亞國家的政治團結和穩定性，是其文化與科學機構蓬勃發展的基礎。這些發展並不是創新，而是古巴比倫王國鼎盛時期就存在的早期機構的再進化和再發展。加喜特國王滿懷熱情地致力於維護、培養和進一步發展其移居地的習俗和機構，在過程中，加喜特人自己文化的所有痕跡幾乎都消失了。毫無疑問，加喜特人為他們的巴比倫尼亞政權注入的政治穩定性，並且尊重受他們控制的民族的傳統和習俗，在這片土地上創造出一個和平、安全的環境，有助於確保藝術和科學的繁榮，像是在文學、醫學、數學、天文、音樂、藝術和建築等領域。

加喜特政權的一項重要創新是，在今天稱為阿蓋爾古夫（Aqar Quf）的地方建立王國的新行政首都。這座新城位於現代巴格達的西邊，建在烏爾第三王朝和古巴比倫時期建造的早期要塞聚落的遺址上，新城被取名為杜爾庫里加勒祖（Dur-Kurigalzu，意思是「庫里加勒祖的城堡」）——以王朝奠基者、卡西特國王庫里加勒祖一世（Kurigalzu I, late 15th century-c.1374 BC）的名字命名。新都城的規模比早期聚落大得多，它只是庫里加勒祖進行的主要建築計畫之一。烏爾、埃里都（Eridu）和烏魯克等巴比倫城市都受益於他的建設計畫。我們無法確定他為王國建造新首都的原因。成立新都的背後很可能有商業性或軍事性的實際戰略措施目的。當然，新城市似乎絲毫沒有削弱巴比倫城的威望，巴比倫城仍然是王國的儀典與宗教中心（實際上也是王國許多商業和政治活動的中心），就如同亞述城在亞述人於尼尼微和尼姆魯德（Nimrud）建立新都城時，仍然是亞述王國的儀典中心。

國際場合上的加喜特人

巴比倫此時已和埃及建立了外交和商業關係，這些關係隨後由國王卡達什曼恩利爾一世（Kadashman-Enlil I, c.1374-1360 BC）維持或延續。我們從卡達什曼恩利爾和法老阿蒙霍特普三世（Amenhotep III）之間的幾次書信往來得知這一點。巴比倫尼亞在卡達什曼恩利爾的繼任者布爾納布里亞什二世（Burnaburiash II, c.1359-1333 BC）的統治期間，更明確地躍升為國際舞臺上的一角。那時米坦尼王國陷入與西臺王國的殊死鬥爭，當時坐在西臺王位的是銳不可當的軍事強人蘇庇路里烏瑪一世（Suppiluliuma I）。蘇庇路里烏瑪逐步征服米坦尼王國的領土，包括它在北美索不達米亞的核心地帶，使布爾納布里亞什有機會向北擴張王國。但是，儘管他幾次入侵北美索不達米亞的領土，而且確實加速了巴比倫尼亞文化在那裡的傳播，米坦尼陷落留下的區域權力真空卻很快就被捲土重來的亞述王國填補。

亞述的嶄露頭角，特別要歸功於一位積極進取的統治者亞述烏巴利特一世（Ashur-uballit I），他在位時間約為西元前一三五三年至一三一八年。如果說蘇庇路里烏瑪對於亞述烏巴利特一世戰勝米坦尼的結果有某種擔憂，那麼布爾納布里亞什一定為此感到非常驚慌，因為巴比倫就在亞述的南邊，這支積極擴張的亞述新勢力現在威脅到他的王國。但亞述烏巴利特一世首先想要的是國際的外交承認。他透過特使向埃及王家宮廷示好，透露出他想要加入同時代偉大國王菁英集團的渴望。布爾納布里亞什向法老阿肯那頓（Akhenaten）嚴正抗議亞述試圖強行加入國際舞臺——因為他聲稱亞述人是他的附庸，無權主動和埃及宮廷接觸！但法老王不顧亞述鄰國的強烈反對，熱情接待亞述烏巴利特一世的使節，使布爾納布里亞什意識到設法接受這個亞述人才是明智之舉。一種方法是透過聯姻和他同盟。亞述烏巴利特一世並沒有不願意聯姻，而且雙方確實締結了一樁婚事。亞述人把他的女兒穆巴利塔特莎魯亞（Muballitat-Sherua）送到巴比倫城，當布爾納布里亞什的準新娘。

結果一切盤算都搞砸了。這對夫婦的兒子卡拉哈爾達什（Kara-hardash）在父親死後繼承了巴比倫王位，但當新國王被巴比倫尼亞人組成的團體暗殺後，兩個王室之間締結的聯盟破裂。巴比倫尼亞人對於一位流著亞述血統的統治者感到非常不滿，他們用一個無足輕重的加喜特人取代了卡拉哈爾達什。亞述烏巴利特一世以入侵巴比倫領土作為報復，奪占巴比倫城，並處決了新國王。然後，他讓布爾納布里亞什的另一個兒子登基，也就是庫里加勒祖二世，人稱小庫里加勒祖（Kurigalzu the Younger, c.1332-1308 BC）。毫無疑問，他想讓新國王成為亞述政權的傀儡。但小庫里加勒祖顯然憑藉自己的能力成為了治國有方的統治者。他在位時的最高成就是打敗了威脅巴比倫王國東境的埃蘭人。他還占領埃蘭首都蘇薩，為軍事行動錦上添花。

順帶一提，布爾納布里亞什和西臺王室締結的婚姻聯盟也不歡而散。巴比倫國王派他的一個女兒前往西臺，和蘇庇路里烏瑪結婚。蘇庇路里烏瑪拋棄前妻，也就是他五個兒子的母親，就為了迎娶她。根據蘇庇路里烏瑪其中一個兒子穆爾西利（Mursili，他父親的第二位王位繼承人）所言，這位巴比倫公主對西臺王室、乃至整個西臺王國產生了有害的影響。她貴為公主的王室生活因為穆爾西利指控她謀殺自己的愛妻，因此褫奪她的所有公職，並將她從宮廷驅逐，劃下不名譽的句點。我們不知道穆爾西利採取的行動，對西臺和巴比倫的關係是否有任何衝擊。

庫里加勒祖二世登上巴比倫王位後，亞述和巴比倫的緊張關係可能減輕了一陣子，但隨後又在庫里加勒祖之子納茲馬魯塔什（Nazi-Maruttash, c.1307-1282 BC）統治期間變得緊繃。幾年後，納茲馬魯塔什和亞述國王阿達德尼拉里一世（Adad-nirari I, c.1307-1275 BC）似乎就兩個王國的邊界達成了友好的協議。雙方維持了一段時間的和平，但這只為王國間的敵對和緊張局勢提供了短暫的喘息。

就其軍事行動而言，加喜特巴比倫王朝（Kassite Babylonia）在美索不達米亞以外的國際舞臺上戲份有限，僅偶爾向東部（針對埃蘭）發動戰爭，在幼發拉底河以西則沒有任何重要征戰，因為它對那裡的領土明顯沒有任何野心。即使如此，當時的其他強國，特別是埃及和西臺的偉大國王，仍給予巴比倫國王平起平坐的地位。他們顯然認為巴比倫宮廷是值得培養外交關係的對象——毫無疑問，很大程度上是因為和巴比倫親近可能帶來的物質和文化益處。在某些時候，埃及和西臺的國王也可能把他們的巴比倫「王兄弟」看作是對抗亞述的潛在軍事盟友，甚至是實際的盟友。但這對遏制亞述的擴張野心並沒有顯著的效果——亞述國王圖庫爾提尼努爾塔一世（Tukulti-Ninurta I, c.1244-1208 BC）充分展現了亞述的擴張野心。圖庫爾提尼努爾塔在北美索不達米亞大敗西臺軍隊後，把目光轉向南方，入侵巴比倫尼亞的領土，征服了巴比倫王國，並把巴比倫國王卡什提利亞什四世（Kashtiliash IV, c.1232-1225 BC）上銬送往亞述。

這是一場短暫的勝利。圖庫爾提尼努爾塔在王國遭遇的反對日增，而且在其他臣屬於他的地區出師不利，最終導致國王在西元前一二〇八年左右被暗殺。亞述的政治動盪，使得卡什提利亞什的其中一位繼承者得以重新確立王國的獨立地位，此後，加喜特王朝維持主權統治一直到西元前十二世紀中葉。王朝在埃蘭人入侵，終止最後一位國王恩利爾納丁阿希（Enlil-nadin-ahi, c.1157-1155 BC）的統治後，驟然而止。恩利爾納丁阿希死後，巴比倫王國陸續受到大抵無關緊要的幾個王朝統治，直到亞述再次戰勝它。

加喜特對近東文明與文化的貢獻

加喜特巴比倫王朝留給我們的考古遺跡相對較少。和古巴比倫王國時期一樣，巴比倫城本身能為這段時期提供的物質證據貧乏，因為大部分的加喜特遺址層位都埋在現代地下水位以下，和古巴比倫王國一樣。但城裡的默爾克斯區發掘了幾間加喜特時期的房屋、一些墳墓，以及可能是陶窯的遺跡。加喜特行政首府杜爾庫里加勒祖擁有比較多的遺跡，最初在蘇美早期王朝時代崛起的一些城市，例如烏爾、拉爾薩和尼普爾，也有比較多的遺跡。從這些城市的加喜特遺址層，可以看出青銅時代晚期的加喜特統治者對這些城市的敬重，無疑是因為它們的古老令人敬畏。

加喜特人有時被批評，因為他們的保守主義和「不進步」的態度，因為巴比倫尼亞社會在他們統治下展現出「靜態」本質，還有因為加喜特人迅速採用他們占領並主宰的土地上的文明和傳統的所有面向，而喪失了自己的身分，不過這些批評有點不公平。事實上，巴比倫歷史上的加喜特時期是文化與知識充滿活力的時期之一，這無疑要感謝加喜特統治者透過和平的政治統一、高效率且組織良好的官僚體系，以及他們對這片土地悠久傳統和習俗的尊重，為這片土地帶來了政治穩定性。加喜特人熱情地擁抱這些傳統和習俗，把這些傳統變成自己的傳統，並積極地助長和促進它們。加喜特甚至做到使我們對他們本身的文化和族群認同一無所知。馬匹繁殖和戰車技術上的重要發展，幾乎是我們可以直接歸給加喜特影響的唯一特色。但除了這些加喜特獨有的特色之外，加喜特巴比倫王朝對更廣泛的近東世界影響巨大。

如同我們提到過的，正是在加喜特時期，巴比倫語成為整個近東地區的國際外交語言。接下來我們要談加喜特文明在近東文學歷史上所扮演的極為重要的角色。因為就是在加喜特時期，我們今天所說的「標準巴比倫方言」得以發展，自此，直到西元前第二千年紀結束、乃至西元前第一千年紀的大部分時間，這種文學方言在美索不達米亞各地和近東世界其他地區被使用。《吉爾伽美什史詩》（Gilgamesh epic，來自西元前第一千年紀最為人所知的文本）的「標準巴比倫語版」，也許是最引人注意的例子。就像蘇美和其他早期文明的許多文學「經典」，這部史詩得以流傳主要要歸功於加喜特巴比倫王朝統治者對美索不達米亞悠久文化傳統的保存、培養和贊助。

巴比倫的傳統宗教也受到加喜特政權的照顧和保存，加喜特王朝對傳統信仰的推廣，以及贊助修復及重建全國各地的神廟，就證明了這一點。加喜特時代的顯著特徵之一是對馬爾杜克崇拜的提倡，馬爾杜克成為巴比倫萬神裡最偉大的神，從而超越了美索不達米亞世界過去地位最高的恩利爾神。

有鑒於南美索不達米亞缺乏基礎的原料，特別是木材和金屬，國際貿易活動對巴比倫社會的繁榮和發展不可或缺。在加喜特時期，貿易關係向東至阿富汗（也許還到了印度），向西至愛琴海地區，以及西南邊的埃及。王朝和巴比倫尼亞北邊的鄰國亞述也有密切的貿易聯繫，特別是西元前十四世紀和十三世紀的時候，儘管它們之間有時處於敵對和衝突狀態。奢侈品也進口至巴比倫尼亞，包括寶石和半寶石，像是紅玉髓和青金石，還有其他最遠可能自印度輸入的異國商品。我們從阿瑪爾納書信（Amarna letters）得知，有大量黃金從埃及進口到巴比倫尼亞。阿瑪爾納書信是埃及法老在西元前十四世紀中葉和其他國王，以及臣屬埃及的附庸統治者之間的往來書信。它們出自一八八七年在埃及阿瑪爾納（el-Amarna，古代的阿肯塔頓〔Akhetaten〕）發現的大量泥板。

為了換取進口商品，巴比倫尼亞人出口各種製造商品，包括紡織品，以及技藝高超的工匠、珠寶師和金銀匠的產品。馬匹似乎也是巴比倫尼亞的出口商品。國外需要用這些馬匹育種，以及用於軍事和非軍事場合的運輸。

醫術是巴比倫尼亞人聞名的另一項專業技能。如同西臺國王哈圖西利（Hattusili）寫給他的巴比倫國王兄弟卡達什曼恩利爾二世（Kadashman-Enlil II）的一封信所示。卡達什曼恩利爾抱怨哈圖西利沒有歸還暫時從巴比倫尼亞出借給西臺宮廷的兩位醫生和一位咒術祭司。哈圖西利回應時，告訴他的收信人卡達什曼恩利爾，第一位醫生決定留在西臺都城（他是在收到可觀的賄賂後決定留下的），咒術祭司失蹤了，第二位醫生則是已經過世。然後，哈圖西利無所忌憚地補充說，他想要在家眷的住處擺放一些雕像，可否請他的國王兄弟派一位雕刻家來做這件事。可見巴比倫尼亞人的藝術家和醫療人員譽滿天下！

第五章

書寫、文士和文學

書寫和早期歷史時代

近東已知最早的書寫樣本來自南美索不達米亞的城市烏魯克。這些史上最早的書面文字紀錄可以追溯到西元前約三三〇〇年，是用來記錄一個人擁有的牲口數或生產的穀物量等資訊的簡單象形文字。黏土是這些文字普遍用來當作書寫介面的材料，事實上，在將近三千年的時間裡，近東地區絕大多數的紀錄都寫在黏土上。但早期的象形文字很快就被我們今天稱為「楔形文字」（cuneiform）的文字取代。楔形文字由一套楔形的字符組成，這些字符是用美索不達米亞和其他河流岸邊切下的蘆葦的三角形末端按壓軟黏土製成。蘇美人和文字紀錄的演化密切相關，等到西元前第三千年紀末期的時候，書寫已經成為一種高度發展的媒介，用來從事社會、商業和政治交流，留存紀錄，以及文學表達。書寫是近東文明歷史時代第一階段的主要標誌之一。

等到古巴比倫王國開始之時，蘇美人和他們的文明已經是過去的記憶，蘇美語也不再是一種口說的語言。它的地位被阿卡德語取代。阿卡德語，更準確地說是巴比倫版的阿卡德語，成為古巴比倫王國的主要日常語言。儘管蘇美語現在是一種死語，但它在巴比倫社會受過教育和文化的圈子中獲得了受人尊敬的地位。蘇美語的重要文學作品被保存並翻譯成阿卡德語，像是關於烏魯克統治者吉爾伽美什國王的詩歌。

書寫學校

保存蘇美遺產最重要的機構是巴比倫尼亞的學校，年輕人在那裡接受書寫的職業訓練。這類機構稱作「埃杜巴」（edubba）。儘管根據一些學者的說法，自從古巴比倫時期起，基本識字（即讀寫簡單文件的能力）可能相當普遍，但只有一小部分巴比倫尼亞的人口擁有更複雜的閱讀和寫作技能，包含技術知識與學術知識。光是精通識字的技術本身就是一項艱鉅的挑戰，因為發展成熟的楔形文字包含超過五百個音節符號和概念符號，需要嚴密的學習計畫才能獲得這些能力。

但學校不只是獲得高級閱讀和寫作技能的地方。它們的課程涵蓋許多知識領域，包括數學、天文學、文法、音樂和土地測量——也學習地位崇高的蘇美語（有句古諺說：「不懂蘇美語的文士還算是文士嗎？」）。我們看到當時的詞彙文本，有蘇美語和對應巴比倫語的單字表——都是學生要背誦的內容。在學習蘇美語的過程中，學生必須反覆抄寫現存的蘇美文學名著。多虧有古巴比倫書寫學校留下的詞彙表和抄寫作業，我們對蘇美文學傳統的認識，大多依賴從學校原封不動保存下的這些文本。上課的時數很長——從日出到日落——而且教育從很小的時候就開始，一直持續到成年初期。訓練很嚴厲，表現不佳、不用功和舉止不當的學生會被責打。

但學業有成的學生能得到的報償也很可觀。文士擁有多數同胞群眾缺乏的技能，在一個連國王可能都只具備基本識字能力的社會裡，他們是維持社會運作的重要元素。文士的職業幾乎完全是男性的專利（儘管我們確實有看到少數幾例的女性文士）。即使對男性而言，接受書寫教育的特權也不是對每個人開放。在多數的情況，甚至是在所有情況下，文士是一種僅限特定家族的職業，接受職業培訓的特權是由父親傳給兒子。文士家族之間也有專業分工，某些家族團體或氏族聲稱擁有和書寫活動相關的特定學科（但這個情況只有在西元前第一千年紀得到證實），例如驅魔儀式和天文學。

一旦完成基礎教育，代表獲得了閱讀和寫作的能力，而且擁有蘇美語的知識，有些學生會繼續學習日後進入政府機關所需的知識。多數念這個課程的人會在帝國公共事業擔任辦事員，和現代官僚機構的公務員很像。但有些人會爬上王家朝廷的高級職位，或許成為國王本人的顧問，在各種事務上輔佐國王施政，包括外交政策和對他國宮廷的外交關係。還有一些文士顯然是自由業，為任何有書信聽寫或朗讀需求的人提供服務。

占卜

對於在書寫學校完成基本培訓的人，另一個崇高的選擇是朝占卜這種備受重視的職業深造，到特殊的資深指導員和老師（可能是他們自己家族的成員）的門下學習。簡言之，占卜之道是利用超自然或魔法手段取得有關未來知識的一種工作。縱觀巴比倫尼亞的歷史，占卜在形塑巴比倫尼亞世界、乃至整個古代近東世界人民的生活、計畫和活動方面，都扮演很重要的角色。背後的基本原理是，如果知道過去發生的類似事件的結果，就可以預測未來特定事件的結果。占卜知識使人們能夠為這樣的結果做好準備，或是去得到、避免或操縱特定的結果。對於占卜的信仰與相關實踐，在巴比倫尼亞社會的各個階層運作，從最卑微的勞工和僕人，到社會最菁英的成員，包括國王本人在內，都相信占卜之道。

占卜不僅僅是算命。它被當作巴比倫尼亞生活的其中一類基礎科學，也是最重要的一種，由技術高超的專業人員實踐，無論公共或私人性質的所有重要問題，都會找他們諮詢。國家事務的顧問可以查閱過往事件及其結果的官方檔案裡的詳細紀錄。有一群文士的重要任務之一是把這類資訊全部集結，在新事件發生時更新資訊，並把大量含有這些資訊的泥板分門別類，好讓有查閱需求時方便參考檢索。

然而，占卜的本質代表著和某一位神祇溝通。作為占卜過程的一部分，占卜師被要求解讀神明提供的各種跡象，例如與計畫中的特定事業或遭受的災難（如瘟疫或乾旱）有關的跡象。這是為了確保取得神明對這項事業的首肯，或釐清神明為了什麼事情憤怒，導致蒼生受到懲罰。判定神意的方法各式各樣，包括察看動物內臟、水上浮油的圖案、動物行為（如鳥類飛行），以及各種天文和大地現象（如打雷、冰雹和地震）。

積極地占卜諮詢，例如透過獻祭一頭羊並檢查其肝臟，是占卜過程中很重要的一部分。因此，占卜者會觀察特定的天象，或是鳥類或其他動物的特定行為，並查閱文本以了解過去發生這些現象後的結果。例如，假使國王正在考慮展開軍事行動，或者商人正在考慮某個商業活動，他們可獻祭一隻動物並檢查牠的內臟，根據過去觀察到類似的動物內臟圖案的情情況，來判斷行動可能會成功或失敗。

文士作為創作藝術家

書寫教育不僅是為了養成文士、辦事員或顧問（儘管這是社會最高層級的工作），也不僅是為了養成神意的詮釋者。巴比倫世界的偉大學者基本上都是書寫訓練機構的產物，但是有些人憑藉自己的能力成為重要的創作藝術家。因此，我們可以把《吉爾伽美什史詩》的第一個版本，也就是所謂的「古巴比倫版本」，歸功於古巴比倫時期一位不知名的文士。我將在本章更後面的地方回來談這個作品，現在我只想指出，雖然有許多關於吉爾伽美什的蘇美詩歌流傳下來，也許還有其他類似的詩歌被翻譯成阿卡德語的巴比倫方言，但《吉爾伽美什史詩》是巴比倫書寫學校系統出身的一位巴比倫學者的全新創作。

古巴比倫學校的書寫傳統由加喜特時期的文士繼承並進一步發展，他們在呵護和保存巴比倫文化傳統方面發揮重要作用。但加喜特時期的學者文士不僅抄寫古巴比倫時期的文本，也大幅改編與修訂許多古巴比倫抄本流傳下來的內容，並對巴比倫的文本庫做了有意義的增補。他們還擴充關於占卜和驅魔的文本，並加以組織成一個系列。從事這些計畫的人被稱為「中巴比倫學者」（Middle Babylonian scholars）。我們口中的許多標準版巴比倫文本都要歸功於他們，包括《吉爾伽美什史詩》在內，在加喜特時期，最初的古巴比倫版《吉爾伽美什史詩》已經經過很多增修。

但加喜特學者也創作新的作品，貢獻良多，其中包括我們今天稱為「智慧文學」（wisdom literature）的文類。智慧文學的作品涉及各種道德和倫理問題。整體而言，西元前第二千年紀的最後幾個世紀，包括加喜特時期晚期，是巴比倫文學史非常活躍的時期。但被稱為埃杜巴的古老書寫學校在這時期似乎已不復存在。教育現在主要是少數貴族家庭的專利。

楔形文字傳統的衰亡

這時期的許多作品得以倖存，包括更早期的複製版或改編版，在很大程度上要歸功於它們被保存在西元前七世紀新亞述國王的圖書館，其中最著名的是西元後十九世紀挖掘尼尼微城時，發現的亞述巴尼拔國王（Ashurbanipal）的偉大圖書館。在亞述巴尼拔把王國各地收集到的文本存放到他的圖書館的一個世紀後，用楔形文字書寫的傳統正在迅速消失。楔形文字的確在巴比倫尼亞多存活了幾個世紀，受到學術傳統的保護，直到西元後一世紀結束。然而，楔形文字傳統不可避免地被亞蘭語（Aramaic）取代，亞蘭語的字母文字簡單許多，而且長期以來一直是外交的國際語言。豐富的楔形文字文學世界徹底消失，而關於楔形文字書寫文明的龐大知識也隨之消失——直到楔形文字泥板資料庫在西元後十九世紀被重新發現，以及它們用來書寫的語言被破譯。

巴比倫尼亞文學作品精選

現在讓我們簡述一些最重要的現存巴比倫尼亞文學，這些作品被很多世代的文士複製，有時甚至加以改編，最後保存在亞述巴尼拔的圖書館。我們接下來將討論其中的三部作品，並以三部作品之中最著名的《吉爾伽美什史詩》作結。

至今仍經常被人以開頭第一句的「埃努瑪埃利什」（*Enūma eliš*，意思是「當此時，在高處」）稱呼的《巴比倫創世史詩》（*Epic of Creation*），大概是創作於加喜特時期（至少流傳下來的版本是創作於此時）。史詩約有一〇九二行，分布在七塊泥板上，雖然它以創世為故事起點，但並不真的是一首關於世界誕生的詩。事實上，《巴比倫創世史詩》是原初的海洋女神提阿瑪特（Tiamat，以一支她創造的猛獸大軍為後盾）和以馬爾杜克為首的新世代神祇之間的對抗。馬爾杜克從戰爭中勝出，祂殺死提阿瑪特，將祂的身體一分為二，用一半創造了天，另一半創造了地。於是，馬爾杜克成為巴比倫萬神殿之首（這是祂要求的獎勵，也因為獲勝而得到眾神的同意），並分配特定角色和責任範圍給其他成員。為了供應勞動力給眾神，祂用煽動提阿瑪特發動戰爭的金固神（Qingu）之血創造了人類。馬爾杜克建造巴比倫城，成就達到了頂點。每年巴比倫新年節慶的第四天晚上，都會表演頌揚馬爾杜克事蹟的史詩。

巴比倫另一部名著和這部史詩有幾個共同的特色。《阿特拉哈西斯史詩》（*Atramhasis Epic*，或「阿特拉姆哈西斯」〔*Atramhasis*〕，「阿特拉哈西斯」的意思是「極具智慧者」）全長一二四五行，以古巴比倫語的形式流傳至今。然而，它起源的年代可能更早，並且有許多從美索不達米亞歷史不同時期留存下來的版本。主角阿特拉哈西斯的故事其實始於人類出現之前。在這個原初時期，下級神祇必須做所有的體力勞動。當祂們發牢騷想要造反時，上級神祇用一名在起義中陣亡的叛亂神祇身體，造出人類，接手過去下級神祇被迫從事的卑微、繁重任務。但人類也開始變得麻煩，甚至讓他們的神祇創造者決定用一場大洪水消滅人類。眾神中的恩基（Enki）告誡祂的凡人徒弟阿特拉哈西斯說，毀滅即將來臨，敦促他建造一艘大船，以拯救他自己和他的家人免於消滅全人類的災難。人類因而得以存續。

阿特拉哈西斯的故事特別令我們感興趣之處，在於它包含了史上已知最早的大洪水文學記載。這是很多古代洪水故事的祖先，其後代包括標準巴比倫版《吉爾伽美什史詩》裡烏塔納皮什提姆（Uta-napishtim）所敘述的故事，有些學者認為，洪水故事的後代也包括《舊約聖經》傳統裡挪亞的故事。

《吉爾伽美什史詩》在世界文學庫享有備受敬重的地位（圖6）。它是史詩體裁的偉大祖先，它在古典時代最傑出的繼承者是荷馬史詩《伊利亞德》（*Iliad*）和《奧德賽》（*Odyssey*），以及維吉爾的傑作《埃涅阿斯紀》（*Aeneid*）。這部史詩講述烏魯克專橫的獨裁統治者吉爾伽美什，在經歷一系列

圖 6 吉爾伽美什。（© The Art Archive/Alamy Stock Photo）

冒險，最終導致同伴恩基杜（Enkidu）痛苦而緩慢地死去之後，拋棄他的城市烏魯克，開始尋找永生的祕密。吉爾伽美什的追尋讓他找到一個永生不死的人，名叫烏塔納皮什提姆。烏塔納皮什提姆解釋說，他和他的妻子活過了大洪水，成為全人類唯一的倖存者後，眾神賜予了他們永生。但他現在已經是個孱弱乾癟的老人，因為眾神賜予他永生時，並沒有多給他青春永駐的禮物。然後，為了向吉爾伽美什證明他永遠無法靠自己獲得永生，老人考驗他，要他保持清醒一個星期就好——吉爾伽美什立刻就失敗了。最終，他對永生的追求只是徒勞，但經過更多冒險之後，他回到自己的城市，成為一個經過磨練、更明智的人。接受身為凡人總有一天會死去的命運後，他現在準備重拾烏魯克國王的職責，以正義和智慧治國，建造一座無比輝煌的城市。

《吉爾伽美什史詩》是關於人類缺陷和抱負的故事，更是關於死亡的不可避免。在美索不達米亞的背景下，這一點更令人感到沉重，因為人們相信後世沒有什麼可期待的——後世充其量是一個沉悶、陰暗的地方。這本身就是一種鼓勵，鼓勵我們善用在這個世界擁有的一切。有幾個次要主題（sub-themes）出現在全詩各處——友誼和失去摯愛的悲傷、傲慢和隨之而來的報應、試圖轉移旅人目標的物質享受的誘惑、文明誘惑對純真的腐蝕，以及伴隨行使權力而來的責任。

我們幾乎可以肯定吉爾伽美什是一個真正的歷史人物（在最早的文獻之中，他被稱為比爾伽美什〔Bilgamesh〕），他是生活在西元前第三千年紀上半葉的烏魯克國王，當時的烏魯克是蘇美城邦之一。許多描述這位國王偉大功績的故事，可以追溯到西元前第三千年紀，而且可能是在西元前第三千年紀即將結束之際才第一次被記載下來。其中有五個故事得以傳世。但我們所知的《吉爾伽美什史詩》直到西元前第二千年紀初期才被寫成，以阿卡德語的巴比倫方言創作。這部作品被稱為「古巴比倫版」，全詩約有一千行（如今僅存在不同地點發現的泥板碎片）。雖然古巴比倫版《吉爾伽美什史詩》的一些素材取自有關吉爾伽美什的其他故事，在這些故事中，死亡、永恆的名聲和不朽是共同主題，但從主題、次要主題和人物的發展來看，古巴比倫版《吉爾伽美什史詩》在本質上是一部原創作品，一切都被巧妙地編織到這首詩的結構裡。「清新」、「有活力」和「簡樸」是這個版本經常被人提到的特質。

古代美索不達米亞產生了許多文學作品，這些作品或多或少在那個時代絕大多數其他比較平淡的文本裡留存下來。《吉爾伽美什史詩》在古代世界的文學作品中可能並沒有被賦予特殊地位。儘管如此，它經常被列入「經典」文本，幾個世紀以來，許多文明歷代的文士反覆抄寫，即使主要是作為書寫學校學生的訓練作業。我們已經提過，巴比倫的加喜特統治者保留了巴比倫尼亞過往時代的許多習俗和傳統。《吉爾伽美什史詩》是加喜特王朝政策的文學受益者之一。這首詩的抄本流傳到近東世界的許多地方，反映巴比倫尼亞在國際間有越來越多的外交、文化和商業接觸。隨著《吉爾伽美什史詩》透過書寫一代又一代的流傳，傳播到一個又一個的國家，它也不斷地被修飾和改編。

但最深刻的變化發生在西元前第二千年紀的最後幾個世紀，當時所謂的「標準版」《吉爾伽美什史詩》誕生了，也就是我們今天最熟悉的版本。傳統上認為這個版本的作者是學者辛勒奇烏尼尼（Sīn-leqe-unninni）。辛勒奇烏尼尼的職業是驅魔師，可能生活在西元前十三世紀至十一世紀之間的某個時期。標準版《吉爾伽美什史詩》的完整度，比它支離破碎的祖先古巴比倫版《吉爾伽美什史詩》要高得多（儘管其中仍有一些相當大的空白）。在古巴比倫版有足夠內容可以比較的段落，我們可以看到標準版的作者大幅改編早期的文本，但沒有改變原始的基本故事。有些段落他幾乎沒有改動地沿用了，有些則是稍微修改。但在其他地方，標準版作者的作品和原作差異顯著，他加上了一段新的序言，刪除了一些情節，增加了其他情節，並對原作做了相當大的擴充。

在標準版裡，吉爾伽美什的故事分成十一部，每一塊泥板就是一部。第十一塊泥板對洪水的長篇記述，可能不是原始史詩的一部分，原始版即使有提到洪水，可能也只是簡單提到而已。完整的十一塊泥板系列大概有三千行詩句（其中只有約六成倖存），使標準版《吉爾伽美什史詩》成為目前美索不達米亞文學傳統中篇幅最長的作品。後來添加到該系列的第十二塊泥板，實際上並不屬於該系列。第十二塊泥板的標題是〈吉爾伽美什、恩基杜和陰間〉，它是一首蘇美詩歌部分內容的阿卡德語翻譯，講述恩基杜到陰間的旅程，為吉爾伽美什取回掉入陰間的各種物品；恩基杜被留在陰間，直到他的靈魂最終獲准返回陽世，然後他把亡者國度的資訊都告訴吉爾伽美什。

第六章　漫長的間隔

（西元前十二世紀至前七世紀）

劇變世界裡的巴比倫尼亞

西元前十二世紀初，希臘和近東世界遭受一系列翻天覆地的動亂。學界對背後的原因至今仍爭論不休。學者們提出的理論包括外來入侵不斷、連年乾旱、地震、國際貿易網路的崩潰，乃至上述一切的組合。但無論這些動亂的確切性質和原因是什麼，它們實際上結束了青銅時代。包括西臺王國在內的多個主要青銅時代文明中心崩潰，而埃及不再參與敘利亞－巴勒斯坦地區的事務，失去國際強權的地位。

西臺和埃及對幼發拉底河以西從屬國網路的控制告終，導致它們所在地區的地緣政治格局發生深刻變化。這一切發生在所謂「鐵器時代」（Iron Age）的幾百年間。規模較小的、從建立之初就擁有獨立地位的王國，如今出現了，其中有些是先前青銅時代從屬國的繼承者，另外一些則是全新的政權。在北美索不達米亞，亞述王國幾乎不受近東世界其他地區發生的重大變化影響，甚至盛極一時，把領土擴張到幼發拉底河的另一岸。但西元前第二千年紀進入尾聲時，亞述的國力也開始衰落，直到西元前十世紀末新亞述帝國稱霸而復甦之前都孱弱不振。

上述種種是西元前十二世紀中葉加喜特王朝衰落，到西元前七世紀末新巴比倫王國崛起前，時間橫跨數百年的巴比倫歷史的整體背景。在這幾個世紀之間，許多王朝在巴比倫尼亞興起又衰落，大多數王朝國力孱弱又短命，反映巴比倫尼亞政治和軍事命運的頻繁衰落與偶然興起。這段時期可被視為巴比倫歷史的一段漫長間隔，不過就物質文化而言，新巴比倫時期直接承襲這段時期。我們只會簡要介紹這段時期的一些主要特徵和突出之處，在巴比倫尼亞歷史之中，它們在這段紀錄不全且大抵平淡無奇的階段裡顯得出眾。

根據《巴比倫王表》（Babylonian Kinglist，在巴比倫尼亞的古代史料裡有多個版本），加喜特王朝結束後，被稱為「伊辛第二王朝」（Second Dynasty of Isin）的一系列君主控制了巴比倫尼亞。王朝的十一名君主（並非所有君主都和彼此有親戚關係）從西元前約一一五四年統治到西元前一〇二七年。儘管王朝的名字裡有「伊辛」，多數成員似乎都以巴比倫城作為統治的基地，其中最著名的是第四任國王尼布甲尼撒一世（Nebuchadnezzar I, 1126-1105 BC），他入侵埃蘭王國的事蹟人盡皆知；尼布甲尼撒在入侵的過程中，洗劫了蘇薩城，並從城裡取回馬爾杜克神像，這是埃蘭人幾十年前入侵巴比倫尼亞時奪走的戰利品。

巴比倫人民族情感的復興，很大一部分可以歸功於尼布甲尼撒的勝利。這種情況一直持續到他的第二順位繼承者（也是他的弟弟）馬爾杜克納丁阿赫（Marduk-nadin-ahhe, c.1100-1083 BC）的統治時期，當時巴比倫和亞述又爆發了新的戰爭。除此之外，我們對伊辛第二王朝在巴比倫尼亞的統治所知無多。我們也不知道是什麼情況導致伊辛第二王朝被來自巴比倫最南端的海國王朝取代。新政權，即所謂的「第二海國王朝」，共有三位統治者（從統治者的名字來看，他們可能有加喜特血統），僅維持二十年（c.1026-1006 BC）就也被世人遺忘了。隨後接續出現一些不太重要的王朝，從巴茲王朝（Bazi Dynasty, c.1005-986 BC）開始，該王朝有三位統治者，也都是加喜特人，後來被所謂的「埃蘭王朝」

（c.975-980 BC）繼承，埃蘭王朝只有一位國王。

環境因素和新部落族群

環境因素在塑造巴比倫這段時期的發展也發揮了重要作用。其中有一個因素值得一提。隨著西元前第二千年紀結束，幼發拉底河的主河道顯著向西移動。這對遙遠的南方影響可能不大，因為那裡的河道變化很小。但巴比倫尼亞北部沖積平原上的城市和其他聚落可能遭受嚴重影響，因為河道的變化在此處導致可灌溉土地的面積大幅減少，以及土壤鹽鹼化加劇。隨之而來的區域經濟生產力下降，又伴隨著各地貧困程度的惡化，以及城市中心和農村聚落的人口減少。

除此之外，亞蘭（Aramaean）部落族群的侵略，嚴重破壞了巴比倫尼亞王國的穩定性，這些部落族群不斷在王國境內試圖擴大領土，贏得對重要貿易路線的控制權。亞蘭人使用一種稱為亞蘭語（Aramaic）的西閃族語言，從西元前第二千年紀末起，亞蘭人廣布近東各地。到了西元前第二千年紀末尾時，已經有許多亞蘭人成立的國家，其中以美索不達米亞、敘利亞和安納托利亞東部地區最多。其中有些亞蘭領導人後來在巴比倫歷史上發揮了重要作用。但在西元前十世紀末時，成為巴比倫尼亞最大威脅的勢力仍舊是亞述王國。這個威脅在亞述國王阿達德尼拉里二世（Adad-nirari II, 911-891 BC）擊敗巴比倫國王沙馬什穆達米克（Shamash-mudammiq）並征服其王國全境時，成為了現實。

接下來，我們將會介紹另一群部落族群，他們將在巴比倫歷史上扮演日益重要的角色。他們在阿卡德語裡被稱為「卡勒杜」（*kaldu*）。我們今天根據源自希臘文的「迦勒戴歐伊」（*Chaldaioi*）稱他們為「迦勒底人」（Chaldaeans）。同樣講西閃語的迦勒底人，可能在西元前十一世紀或前十世紀的某個時候，從西北方進入巴比倫尼亞，但隨後在幼發拉底河下游沿岸和波斯灣的海國沼澤地建立聚落。迦勒底人似乎和亞蘭人有許多共同的特徵，但我們看到古代史料對這兩群人有明確的區分。這些文獻確定的迦勒底部落有五個，其中最重要的是畢特達庫里（Bit-Dakkuri）、畢特阿穆卡尼（Bit-Amukani）和畢特亞金（Bit-Yakin，「畢特」的意思是「家族」）。

雖然許多迦勒底人在抵達巴比倫尼亞後，可能延續游牧或半游牧的生活方式，但其他人似乎很快就適應了城市生活，著手建造他們自己的城鎮，而且開始密切地參與巴比倫尼亞的社會及政治生活。迦勒底人之中，有些人甚至採用巴比倫語的名字。儘管如此，迦勒底人仍保持著傳統的部落結構和獨特的身分。有些迦勒底人因為大規模牧業所創造的收入變得非常富有，而且很多聚落位在主要貿易路線上的優越戰略位置。有些迦勒底人的領導者在巴比倫尼亞的政治舞臺嶄露頭角，我們將在後文看到，其中有幾位甚至一度坐上了巴比倫的寶座。

亞述宗主權

經歷西元前十世紀末的低潮之後，巴比倫王國在納布阿普拉伊丁納（Nabu-apla-iddina）國王的統治下稍有復甦，他是《巴比倫王表》上所謂「E王朝」（Dynasty of E）的成員，該王朝從西元前約九七九年持續到西元前七三二年。納布阿普拉伊丁納顯然是此王朝最傑出的成員之一。他的統治始於西元前約八八八年，總共在位三十三年。巴比倫尼亞在這段時期再次擺脫亞述的權力桎梏，是穩定繁榮的國度，正經歷一次偉大的文化復興。

傳統的信仰中心被修復，廢棄的神聖儀式被復興。在此期間，巴比倫尼亞也和亞述保持著和平的關係。但亞述國王沙姆希阿達德五世（Shamshi-Adad V, 823-811 BC）對南方鄰國巴比倫發動了四次戰役，最後俘虜巴比倫國王巴巴阿哈伊丁納（Baba-aha-iddina, 812 BC）並將他押解到亞述，結束了這段承平時期。隨後巴比倫尼亞陷入一段混亂和無秩序的時期。但王國在納波納撒爾（Nabonassar）登上巴比倫王位後二度重振。納波納撒爾的統治時期（747-734 BC）被視為巴比倫歷史上一個新時代的開始。這點反映在兩份重要史學文本《巴比倫編年史》（*Babylonian Chronicles*）和《托勒密王表》（*Ptolemaic Canon*）[1]，它們都以納波納撒爾的統治時期作為其巴比倫歷史記載之始。

納波納撒爾後不久，巴比倫尼亞又在競爭勢力集團的鬥爭中分裂——這些集團之中也包括迦勒底人——直到西元前七二九年亞述國王提革拉毗列色三世（Tiglath-pileser III）出手干預。提革拉毗列色推翻巴比倫王位的現任占有者、其中一支迦勒底部落的成員，並宣布自己為巴比倫國王，開創了一段「雙重君主制」時期。理論上，這代表巴比倫的王權由亞述國王和一位巴比倫被任命者分享。實際上，巴比倫現在受到亞述宗主國的控制。對一個迄今為止都保有獨立地位的王國，這是難以忍受的情況，於是亞述統治權不斷受到挑戰，特別是受到一

1 譯注：西元二世紀天文學家托勒密用這份由古巴比倫和近東統治者構成的名單，為古代天文現象定年。

系列迦勒底領導者的挑戰。到了西元前八世紀的時候，迦勒底部落集團已經成為巴比倫尼亞的主要政治力量，在這個世紀，有三位迦勒底人的領導者登上了巴比倫的王位。

三位領導者之中，最著名的是馬爾杜克阿普拉伊丁納（Marduk-apla-iddina），我們更熟悉的是他的《聖經》名字米羅達巴拉但（Merodach-baladan）。米羅達巴拉但兩度擔任巴比倫國王（721-710 BC，以及 703 BC），領導這片土地團結起來，為解放巴比倫尼亞人擺脫亞述統治長期奮鬥。在和亞述國王薩爾貢的衝突中，米羅達巴拉但得到盟友埃蘭人的支持。隨著競爭展開，他贏得了幾次重要的勝利，也確實聲稱收復國家的獨立主權。但亞述人決心奪回巴比倫尼亞的控制權，最終迫使米羅達巴拉但放棄王位逃命（710 BC）。七年後，米羅達巴拉但重返戰場，奪回自己國家的王權，並煽動對亞述新統治者辛納赫里布（Sennacherib）的抵抗，直到辛納赫里布在巴比倫南部的一場決戰中，將他的軍隊打得潰不成軍。米羅達巴拉但又一次亡命。他在埃蘭尋求並獲得庇護，不久後便客死異鄉。

辛納赫里布如今廢除雙重君主制（這項制度從未有效實行過），先是任命了一個巴比倫傀儡，然後又任命他自己的一個兒子繼承王位。這促使埃蘭國王哈路舒（Hallushu，或哈路舒因舒希納克〔Hallushu-Inshushinak〕）出兵巴比倫尼亞，試圖在那裡建立自己的權威。哈路舒確實成功將辛納赫里布的兒子從巴比倫王位趕走，用他自己任命的人選取而代之。但辛納赫里布再次入侵巴比倫尼亞，並在尼普爾附近的戰鬥中擊敗埃蘭及巴比倫軍隊，哈路舒壯志未酬。這位埃蘭國王逃回蘇薩，在蘇薩被自己的臣民暗殺。辛納赫里布俘虜並處決了被他扶植為巴比倫王的傀儡。亞述人又成為巴比倫尼亞的主人。

但新一波的巴比倫反抗很快又爆發了。最初領導反抗的是另一位迦勒底領袖穆舍齊布馬爾杜克（Mushezib-Marduk），他抵禦亞述人數年，直到辛納赫里布於西元前六八九年出兵將他殲滅。巴比倫城在戰爭過程中被毀壞，穆舍齊布馬爾杜克被俘，然後被遣送至亞述。然而，獨立的精神繼續在巴比倫人的心中熊熊燃燒，反亞述的抵抗運動在辛納赫里布繼任者上臺後仍不間斷。勝利最終由一位名叫納波帕拉撒爾（Nabopolassar）的領導人取得。西元前六二六年，納波帕拉撒爾在巴比倫城登基，成為巴比倫歷史上最偉大的時代（626-539 BC，也就是新巴比倫帝國時代）之中，統治巴比倫的歷任國王的第一位。

巴比倫尼亞文化傳統的保存

在西元前第一千年紀期間，亞蘭人在巴比倫尼亞擁有廣大的影響力，事實上，亞蘭人的影響也普遍傳播到近東世界其他地區。從亞蘭語越來越常被當作書面溝通的媒介，以及亞蘭語逐漸成為近東世界的國際通用語（lingua franca），特別能看出這點。即使如此，如同我們所提過的，楔形文字傳統在巴比倫尼亞的書寫學校之中一直留存到西元後一世紀，從古巴比倫時代和加喜特時代流傳下來的巴比倫尼亞文化機構和傳統被保存下來了。對王國過去文化歷史的尊重，有助於確保許多巴比倫尼亞的文學和科學傑作得以倖存。

可惜的是，加喜特時代和新巴比倫時代之間這段漫長巴比倫歷史的物質證據很少，但是巴比倫城和其他幾個巴比倫尼亞的城市，尤其是烏爾城，出土了一些可以追溯到這段時期的發現。我們也知道有幾位亞述國王熱中提倡巴比倫文化，特別是埃薩爾哈東（Esarhaddon）和他的兒子兼繼承者亞述巴尼拔。他們在巴比倫尼亞大規模建造和整修建築證明了這一點，特別是在巴比倫城的計畫。不幸的是，我們對於這些計畫的資訊僅來自亞述人的文字紀錄，因為考古紀錄幾乎沒有留下任何有形的證據，證明亞述王國對保存巴比倫尼亞文化的貢獻。但就像亞述文字紀錄的描述，這些亞述人保存文化的貢獻，說明巴比倫尼亞的文化在巴比倫尼亞以外的地方多麼受到推崇。

從西元後一八五三年，在尼尼微的亞述巴尼拔圖書館發現的大量泥板最能看出這一點。亞述巴尼拔擁有所有巴比倫最重要文本的副本，包括《吉爾伽美什史詩》、《阿特拉哈西斯史詩》和《巴比倫創世史詩》。亞述巴尼拔下令向全國各地的神廟、宮殿和其他地方收集文本，然後帶到他的王都尼尼微。他最重要的目的是出於務實。亞述巴尼拔想要收集國土內各個時期的所有文本，他相信這些文本能對治理帝國提供最佳建議。他累積的收藏主要不是為了成為文學名著的寶庫。但是，其實亞述巴尼拔收集的許多作品確實屬於輔佐國王統治的文類，而且恰好也是偉大的文學作品。其中最著名的是《吉爾伽美什史詩》。不過，這份藏書包括直到亞述巴尼拔時代為止的所有巴比倫尼亞文學重要作品。為此，我們必須非常感謝亞述巴尼拔，因為在很大程度上是他讓我們今天仍然可以研究和閱讀最上乘的美索不達米亞文學作品。

第七章

新巴比倫帝國

新巴比倫王朝的崛起

西元前六二六年十一月，巴比倫王位被一個名叫納波帕拉撒爾的人奪取。他的血統不明。銘文稱呼他為「小人物之子」，但有一些證據顯示，納波帕拉撒爾是前亞述政權統治下的烏魯克的總督之子，而且在領導反抗亞述統治之前，可能治理過這座城市。沒有任何明確證據顯示納波帕拉撒爾有迦勒底人的血統，儘管這個說法一度被普遍接受。納波帕拉撒爾最初崛起時，似乎是海國地區的一位強大領導者。但他堅定地瞄準巴比倫國王的寶座，最終從亞述手裡搶走大位。

納波帕拉撒爾進軍巴比倫的時間點正是時候。亞述最後一位偉大國王亞述巴尼拔去世後，充滿活力的新巴比倫領導者可以利用亞述核心地帶旋即出現的衰弱和不穩定，掙脫亞述領主的束縛，並在南方建立一個新的獨立王國。而巴比倫尼亞內部派系之間的權力鬥爭，有助於確保納波帕拉撒爾在試圖控制整個國家時，不會遭遇團結一致的反對。

然而，納波帕拉撒爾面對亞述接二連三嘗試對南部鄰國重新確立統治權，以及巴比倫國內持續的政治不穩定，他花了十年才鞏固巴比倫王位的寶座。終於克服一切障礙後，崛起的國王納波帕拉撒爾開創了一個新的王朝。王朝的統治者們和一位名為納波尼德（Nabonidus）的繼任者，從王座所在的巴比倫城統御我們口中的「新巴比倫帝國」（圖7）。（然而，我們先前已經提到，古代史學家以納波納撒爾國王〔747-734 BC〕在位時期為巴比倫歷史記載的開端，而且從知識和文化的角度來看，此時通常被認為是使用「新巴比倫」一詞比較適當的起點。）

到了西元前六一六年，納波帕拉撒爾在自己的國土樹立權威，他甚至可以藉由入侵前宗主國亞述的核心領土，徹底消除亞述的威脅。納波帕拉撒爾朝亞述領土長驅直入，最北到亞述的傳統首都亞述城，並對亞述城發動攻擊。這一次，亞述人的強硬抵抗迫使他撤軍。但亞述如今正受到另一個強敵的騷擾，這個敵人來自東方——伊朗西部的米底王國（kingdom of Media）。西元前六一四年，米底

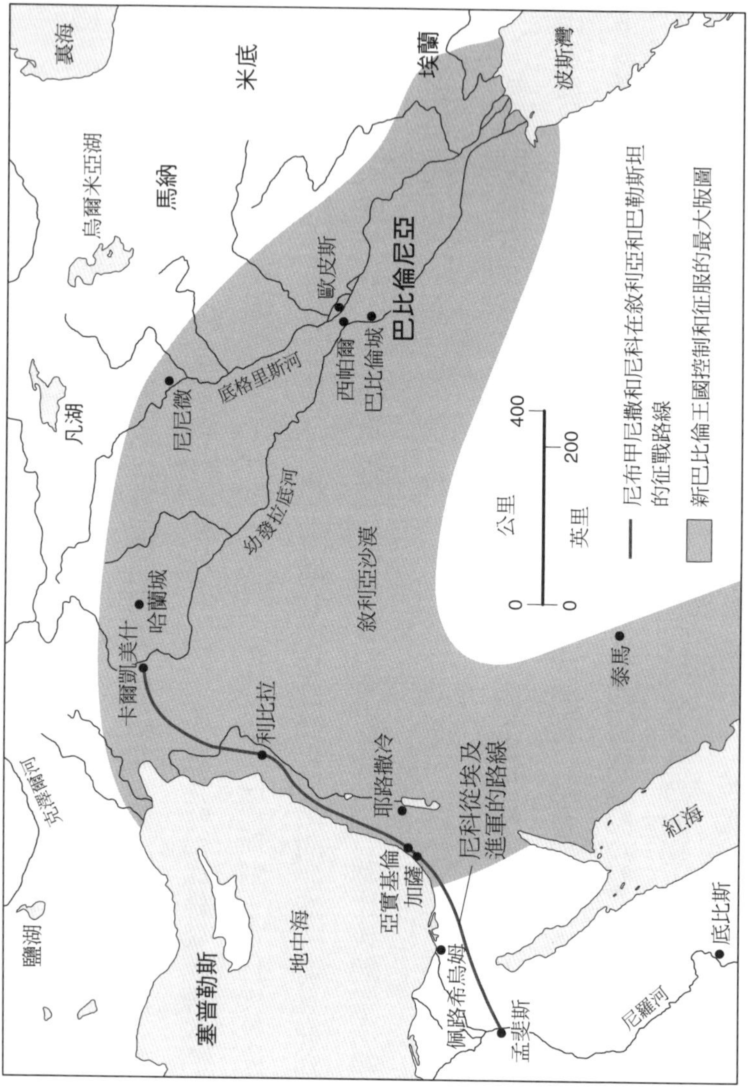

圖 7 新巴比倫控制及征服的最大領土範圍。

國王胡瓦克沙特拉（Huvakshatra，希羅多德〔Herodotus〕筆下的基亞克薩雷斯〔Cyaxares〕）攻打並洗劫了亞述城，以及另一座偉大的亞述王都尼姆魯德。納波帕拉撒爾意識到和這個人結盟是上上策。於是他及時和胡瓦克沙特拉組成聯軍，大開殺戒，將亞述最後一座偉大王城尼尼微夷為平地。此事發生在西元前六一二年。新亞述帝國至此其實氣數已盡。但最後一位亞述國王亞述烏巴利特二世（Ashur-uballit II, 612-610 BC）為了至少留住殘餘的國土放手一搏，躲避到北美索不達米亞的哈蘭城（Harran），在哈蘭另起宮廷。他在那裡撐下去的希望渺茫。

埃及參戰

接下來登場的是另一個主要參與者——埃及。西元前六一〇年，雄心勃勃的新統治者尼科二世（Necho II）登上埃及王位。由於渴望恢復埃及在國際間的大國地位，尼科制訂了征服敘利亞和巴勒斯坦的計畫。作為實現目標的第一步，他響應亞述「國王兄弟」的求援，然後舉兵前往哈蘭，途經巴勒斯坦和敘利亞。但他的遠征為時已晚，無法拯救這個最後的亞述據點。當亞述烏巴利特二世意識到埃及營救哈蘭城的援助緩不濟急，他旋即棄城而去，把城市留給快速逼近的巴比倫及米底軍隊，而聯軍占領後在城裡大肆劫掠。

尼科大概不太在乎他對外宣稱的任務失敗。他肯定已經知道亞述帝國注定要滅亡了。他比較關心的是，亞述的滅亡使得它的前附屬領土（包括幼發拉底河以西的地區）留下了權力真空。尼科的軍事北征使他有機會在這些領土建立自己的權威，尤其是在敘利亞和巴勒斯坦。因為他堅信剛戰勝亞述的巴比倫人會迅速將注意力轉向西邊。他的擔心是有道理的。很快的，巴比倫國王試圖成為幼發拉底河和地中海之間的土地的統治者，這在巴比倫歷史上是頭一遭。為了先發制人，尼科在穿越敘利亞和巴勒斯坦返回埃及時，試圖鞏固埃及對該地區的控制。作為鞏固勢力的部分措施，他在奧龍特斯河畔的利比拉城（Riblah）建立地方指揮總部。尼科在班師回朝的途中，確實成功維護了埃及在敘利亞－巴勒斯坦地區的權威——但這只是暫時的。四年後的西元前六〇五年，尼科被迫返回北方的附屬領土，面對其統治權在這些領土遭遇到的新挑戰。

尼布甲尼撒的統治

現在，我們來看看古代世界最名聞遐邇且臭名遠揚（無論對他是否公平）的人物之一，當然也是新巴比倫時代的決定性人物——尼布甲尼撒二世。嚴格來說，我們應該稱他為「涅布卡德雷撒爾」（Nebuchadrezzar）。這個唸法更準確地反映他名字的阿卡德語拼法——「納布庫杜里烏蘇爾」（*Nabû-kudurri-usur*），意思是「納布神啊，保護我的嗣子」。在《舊約聖經》裡，「尼布甲尼撒」（Nebuchadnezzar）和「涅布卡德雷撒爾」（Nebuchadrezzar）兩種拼法都有，但「尼布甲尼撒」是比較常用的一個，特別是在《但以理書》（Book of

Daniel）之中。

尼布甲尼撒身為王儲、父親納波帕拉撒爾的候任繼承人，他已經在父親的麾下成為身經百戰的戰士。事實上，父親納波帕拉撒爾曾在西元前六〇五年讓他獨自掌管兵權，指揮一次跨越幼發拉底河的軍事遠征。這是一項極其重要的任務，因為王儲尼布甲尼撒和尼科二世在這次作戰中正面交鋒，戰事的大獎是對敘利亞和巴勒斯坦的永久主權。尼科和尼布甲尼撒在幼發拉底河西岸的卡爾凱美什城（Carchemish）附近決戰。尼布甲尼撒大獲全勝，尼科則是被迫帶著殘兵敗將撤回埃及。尼布甲尼撒繼續在西邊的行動，鞏固對敘利亞和巴勒斯坦的控制權，就在忙著這些事務的時候，西元前六〇五年五月八日，父親納波帕拉撒爾去世的消息傳來。尼布甲尼撒匆匆收集此次四處征戰奪得的戰利品，包括準備運往巴比倫尼亞的猶太、腓尼基、敘利亞和埃及戰俘，返回都城巴比倫參加父親的喪儀，並以王國新任統治者的身分登上巴比倫的寶座。據我們所知，尼布甲尼撒的登基典禮在六月一日舉辦——距離父親去世後只有短短二十四天。

但是，尼布甲尼撒的王座還沒坐暖，他就再次出兵西征，想要確保他的權威深植在這片幼發拉底河以外、資源豐富且具有重要戰略意義的土地上。這些小國的統治者毫不猶豫地向他保證臣服，承認巴比倫為他們的宗主國，並在宣誓效忠的同時繳交大量貢品。為了確保他們忠貞不二，在接下來的十年，尼布甲尼撒定期到他們的土地巡視。但尼布甲尼撒在西邊領土定期現身還有另一個目的。他得注意未來可能來自埃及的挑戰。

尼科絕對沒有放棄重新控制在埃及北方土地的野心，事實上，尼布甲尼撒從傳聞聽說尼科正集結兵力，準備再次攻打那裡。當時是西元前六〇一年。為了增援駐紮在敘利亞和巴勒斯坦的巴比倫駐軍，尼布甲尼撒決定先發制人，揮軍南下，在埃及軍隊挺進到巴比倫控制的領土之前和他們交戰。兩軍在埃及三角洲東北端的佩路希烏姆城（Pelusium）附近遭遇；該城位在埃及前往加薩的路線上。雙方均傷亡慘重。尼布甲尼撒被迫回國重整軍隊。尼科有可能已經前進到加薩。但倘若這是事實，他最遠也只來到加薩而已，而且他和埃及第二十六王朝（所謂的賽易斯王朝（Saite dynasty））後來的統治者，都沒能再次控制敘利亞和巴勒斯坦一帶。因此，最終是尼布甲尼撒得到了甜美戰果。

但巴勒斯坦領地給尼布甲尼撒留下了一個懸而未決的問題。佩路希烏姆戰役發生的前三年，猶大國王約雅敬（Jehoiakim）向他宣誓效忠。但在巴比倫和埃及決戰之時，約雅敬相信尼科在戰事中占了上風，轉而支持埃及。儘管如此，在尼布甲尼撒終於能夠採取行動之前，約雅敬在他的王位上又穩穩坐了好幾年。西元前五九七年，巴比倫人入侵約雅敬的王國，包圍耶路撒冷。然而，此時的猶大王位已坐著新王。約雅敬在三個月前去世，王位由十八歲的兒子約雅斤（Jehoiachin）繼承。根據《舊約聖經》的記載（《列王記下》24:14-16），初出茅廬的新王約雅斤意識到反抗是無意義的，迅速向尼布甲尼撒投降，和他的妻妾及其他王室隨從一起被遣送到巴比倫城，同行還有一萬名士兵、軍官、工匠和鐵匠。

尼布甲尼撒任命傀儡統治者西底家（Zedekiah）取代約雅斤。八年多來，西底家忠於他的領主。但最終，在上任第九年的時候，西底家叛變了。這一切在《舊約聖經》的史料中都有記載（《列王記下》24:17-25:1，《耶利米書》39:1）。叛亂引來勃然大怒的尼布甲尼撒全面進攻，摧毀耶路撒冷周圍的鄉村，然後圍困耶路撒冷。在埃及遠征軍試圖營救圍城及猶大國王西底家的努力失敗後，耶路撒冷陷落。西底家帶著軍隊從城裡出逃，但被尼布甲尼撒大軍在耶利哥平原（plains of Jericho）迎頭趕上。

西底家和兵荒馬亂的軍隊走散，被敵軍捕獲，被帶到尼布甲尼撒設立在利比拉的敘利亞總部（利比拉先前是尼科的基地）。尼布甲尼撒在利比拉殘忍地嚴懲西底家的不忠。首先是西底家的兒子們被拖到他的面前處決，然後他的眼睛被剜出，用銅鍊鎖著帶到巴比倫城。次月，尼布甲尼撒派王家衛隊指揮官到耶路撒冷，指揮官奉旨摧毀該城。這事發生在西元前五八七或前五八六年。耶路撒冷的毀滅結束了所謂的「第一聖殿時期」（First Temple Period）。根據《舊約聖經》記載，活過圍城和毀城的所有人，以及多數的猶大王國其他人口，都被遷移到巴比倫尼亞地區。從尼布甲尼撒的南宮出土的配給清單，提到了猶大流亡者，包括約雅斤和許多其他的外國人。最近發現的楔形文字泥板也證明，有些被驅逐者被安置到巴比倫中部的鄉下。猶太人的流亡時期於此展開。流亡將持續近五十年。

耶路撒冷被毀後，敘利亞－巴勒斯坦地區只剩下一座抵抗尼布甲尼撒的主要城市。這個城市就是島城泰爾（Tyre），它勇敢地反抗，不向巴比倫人屈服。尼布甲尼撒現在將其團團包圍。猶太史學家約瑟福斯（Josephus）告訴我們，泰爾抵抗攻擊者長達十三年（586-573 BC）。十三年後，尼布甲尼撒也不能透過武力占領這座城市。泰爾最終向尼布甲尼撒投降，因為城市在長期圍城且居民為貧困所苦的情況下，無疑已經疲憊不堪，巴比倫的統治於是確立。位在泰爾北邊的西頓（Sidon）也臣服於巴比倫。

我們對尼布甲尼撒統治時期的歷史事件所知不多。雖然整體而言，這段時間似乎是巴比倫尼亞歷史上的一個穩定時期，但據稱在尼布甲尼撒統治的第十年（595 BC），故土巴比倫尼亞爆發了一場重大的叛亂。雖然叛亂被鎮壓，但在亂事弭平前，國王顯然先屠殺了許多參與起義的國家士兵。至於這時期的米底人呢？畢竟，他們是與納波帕拉撒爾摧毀亞述帝國的夥伴，並促成新巴比倫帝國的崛起。但在亞述滅亡後的幾十年裡，我們的巴比倫史料卻對米底人隻字未提。這可能代表在納波帕拉撒爾剩下的統治時期，以及至少在尼布甲尼撒在位的大部分時間，兩國和平（或相對和平）共處。

然而，大約是在尼布甲尼撒統治的後期，他於都城北方建造了一道巨大的防禦牆，稱為「米底牆」（Median Wall）——橫跨西帕爾和歐皮斯（Opis）之間的狹窄土地，底格里斯河和幼發拉底河在這裡彼此靠近。因此，肯定有我們不知道的情況，使尼布甲尼撒相信有必要加固王國的核心地帶以抵禦北方的攻擊，無論威脅是來自米底人，還是來自威脅其北方邊境的其他敵軍。

拋開將尼布甲尼撒描述為《舊約聖經》裡最黑暗反派的《聖經》傳統，在古代近東世界的傑出統治者之中，尼布甲尼撒這位新巴比倫帝國的第二位國王，絕對占有一席之地。軍事上，尼布甲尼撒建立的帝國，是上至漢摩拉比的所有巴比倫國王中最強大、影響最深遠的帝國。尼布甲尼撒為巴比倫帶來了穩定，這無疑是一個健全有效的行政體系的產物。帝國的成功，可能主要歸功於尼布甲尼撒公開強調要在王國境內伸張正義。根據一項歷史悠久的美索不達米亞王室傳統，尼布甲尼撒的銘文宣稱他是「正義之王」，並記錄他在根除虐待和不義方面的成就，特別是社會最弱小的成員遭人利用權勢剝削的情況。這不單單只是政治宣傳，尼布甲尼撒確實將宣揚正義作為其治國的主要任務，並且一直認真致力於完成此任務。

同樣的，延續許多傑出王室先賢的傳統，尼布甲尼撒也以身為一名偉大的建設者為榮。他也透過在全國各地大張旗鼓地建造新的神廟，修復年久失修的神廟，來證明這一點。王都巴比倫城是新建設計畫最大的受惠者。計畫包括修復有巴比倫主神馬爾杜克的崇拜中心的埃薩吉拉主要神廟區，以及許多其他的建築工程，包括保護都城免受洪水侵襲，並可抵禦外敵的一系列複雜城牆。

當然，這些事業的財源很多肯定是來自軍事行動的戰利品。戰俘是戰利品的一部分，而猶大王國絕非唯一一個有大批被征服者被遣送到巴比倫尼亞的國家，這些人口被尼布甲尼撒當作工人，投入建築計畫。但尼布甲尼撒應該以建設者、而不是戰士之名流芳後世——因為尼布甲尼撒的許多銘文都清楚提到，尼布甲尼撒希望被人銘記的身分，是作為一位建設者。尼布甲尼撒的願景和巴比倫的王權思想有關。在尼布甲尼撒的統治時期，藝術和科學突飛猛進，在此之前，加喜特諸王已經在藝術和科學方面建立起名聲。

尼布甲尼撒的第一批繼承者

尼布甲尼撒統治後的幾年裡，他和父親建立的帝國逐漸崩壞。尼布甲尼撒在西元前五六二年去世，他的兒子阿梅勒馬爾杜克（Amel-Marduk，《聖經》的「以未米羅達」〔Evil-Merodach〕；《列王紀下》25:27，《耶利米書》52:31）繼位，但阿梅勒馬爾杜克在位僅兩年，就在西元前五六〇年的一次宮廷政變被暗殺，取而代之登上王位的人名叫涅伽勒沙拉烏蘇爾（Nergal-sharra-usur），他更為人所知的名字是涅里格利撒爾（Neriglissar）。如果我們接受西元前三世紀的史學家、祭司貝羅索斯（Berossos）的敘述，涅里格利撒爾大概是阿梅勒馬爾杜克的妹夫，且很可能參與了政變。阿梅勒馬爾杜克被提到或被人記得的事，只有他的放蕩行為和獨斷專權。他的不得人心無疑是他垮臺的原因。

涅里格利撒爾是比較負責任的國王。我們的史料記錄他在首都和博爾西帕城（Borsippa）修復神廟的情況，還記載了他成功攻下安納托利亞東南部一個名為皮林杜（Pirindu）的國家；它屬於後來希臘羅馬文獻稱為奇里乞亞（Cilicia）的地區。尼布甲尼撒在統治的第十三年（592-591 BC）似乎也曾出征到那裡，這個推論是根據一份提到尼布甲尼撒從該地區帶回戰俘的文本。但巴比倫對皮林杜的控制薄弱。涅里格利撒爾於西元前五五六年去世，死因不明，他的兒子兼繼任者拉巴什馬爾杜克（Labashi-Marduk）還來不及公開宣布繼承父親的王位，就在涅里格利撒爾去世三個月後，因為軍事政變而被推翻。煽動政變的軍官們用巴比倫統治者中最具爭議性的其中一個人取代了拉巴什馬爾杜克。這個人叫做納布納伊德（Nabu-na'id），更為人所知的名字是「納波尼德」（Nabonidus，圖8）。

帝國的末代國王

納波尼德是新巴比倫帝國的最後一位統治者。帝國隨著他的統治結束走向終結。我們從大量文字史料得到對納波尼德在位時期的豐富知識——但《舊約聖經》卻根本沒提到這位國王，至少沒有明確的提及。這背後的原因在本節稍後將會得到解釋。

納波尼德本人在一篇銘文中告訴我們，他在前任國王死於政變後登上王位，當時的他是一個完全不渴望王權的無名小卒。納波尼德的體內也許的確流著高貴的血統（也有人認為納波尼德是亞蘭人），但他和他的登基所終結的王朝世系之

圖 8　納波尼德。（© World History Archive / TopFoto）

間，並沒有任何血緣或家族關係。納波尼德在五十多歲或更老的時候被宣布為王，在結束拉巴什馬爾杜克的短暫統治的軍事政變中晉升為王室，顯示他已經在有影響力的軍事圈闖出名號，以至於軍隊認為他配得上巴比倫的王座。

至少一開始，納波尼德試圖塑造一個願意保持歷史悠久的巴比倫王室傳統的國王形象，特別注重國內各地的建設計畫，包括修繕和修復宗教聖殿。他對歷史和古物的濃厚興趣也是來自他的修復計畫。然而，登上王位後，納波尼德也很快地把注意力放到軍事活動上，即位後不久，兩次成功出征安納托利亞東南部的胡美（Hume），證明他是可靠的戰士國王。和毗鄰的皮林杜一樣，胡美也是後來的奇里乞亞地區的一部分。尼布甲尼撒也曾宣稱征服了胡美。大體上，納波尼德的軍事政策似乎有扎實的基礎，儘管這些政策最終未能挽救帝國邁向滅亡。

現在讓我們介紹新巴比倫帝國最後階段的另一位主角——國王納波尼德的母親阿達德古皮（Adad-guppi）。人們從她的傳記認識了這位國王背後的王太后，傳記於西元後一九五六年出土，刻在從哈蘭城大清真寺發現的一塊石碑上。我們從這份引人入勝的文獻得知阿達德古皮活到高齡一百零二歲。阿達德古皮對兒子的影響甚巨，導致納波尼德採取了引起一些百姓怨聲載道的行動。從新亞述帝國的最後幾年起，阿達德古皮一直是月神辛的忠實信徒，並在哈蘭的偉大月神聖殿敬拜祂。還記得嗎？哈蘭這座城市在西元前六一〇年被米底－巴比倫聯盟摧毀之前，成為最後一位亞述國王的避難所。根據阿達德古皮的傳記表示，月神辛在憤怒地拋下這座城市後，回到了納波尼德的母親夢中，回應她對月神堅定不移的奉獻，並告訴她，她的兒子納波尼德將被授予王權，好讓他能修復哈蘭，並在哈蘭重建月神的埃胡勒胡勒神殿（Ehulhul）。

納波尼德牢記母親的夢所傳達的訊息，熱情地著手展開修復哈蘭城和月神辛神殿的任務。但納波尼德對月神辛的事務的投入，使得有些人對他產生敵意，尤其在祭司階層之間。因為人們認為納波尼德忽視巴比倫傳統的神，包括眾神裡最受尊敬的馬爾杜克。馬爾杜克才應該是他的首要義務。臣民相信，馬爾杜克才是真正幫助納波尼德登上王位的力量。事實上，刻在哈蘭發現的一塊石碑上的納波尼德銘文告訴我們，國王越來越虔信月神辛，而犧牲了馬爾杜克，在王國許多地方引起騷亂。但學者們現在認為，過去認為宗教問題引發對納波尼德國王廣泛、激烈抵抗的說法過分誇大了。也有人曾經認為巴比倫國內嚴重惡化的經濟情勢，是另一個造成對納波尼德敵意的原因。事實上，我們的史料顯示，巴比倫的社會和經濟在納波尼德的全部統治期間都繁榮昌盛，直到王朝在西元前五三九年劃下句點——繁榮的情況甚至延續到更久之後。

納波尼德最被記得的一項事蹟，是他在統治生涯早期所做的一項特別決定，這項決定在他剩下的統治期間，對王國產生了重大影響。有一份巴比倫編年史告訴我們，納波尼德國王在位第三年親自領軍對西方發動軍事遠征，鎮壓在今天黎巴嫩和外約旦（Transjordan，即約旦河東岸）區域發生的叛亂。接著，他率兵深入阿拉伯半島北部。西元前五五二年的夏天，納波尼德在阿拉伯半島北部的綠洲城市泰馬（Tayma，或 Taima、Teima）修築王居，在那裡度過西元前五五二年到五四三年的十年。納波尼德不在巴比倫的時候，他任命兒子貝爾沙爾烏蘇爾

（Bel-shar-usur，就是《聖經》裡的「伯沙撒」（Belshazzar））為攝政，負責管理王國事務。伯沙撒似乎是負責盡職的父親替身，維護巴比倫王室的重要傳統習俗，並堅定支持馬爾杜克信仰。

學者們對納波尼德搬到泰馬並長期滯留當地的可能原因爭論不休。國王虔信月神辛，是他離開巴比倫城移居泰馬的主要原因嗎？研究巴比倫的學者馬克・范・德・米羅普（Marc Van De Mieroop）警告我們不要妄下定論。他指出，雖然月神崇拜在阿拉伯半島的確盛行，但納波尼德的銘文沒有明確顯示國王在當地提倡月神信仰。范・德・米羅普主張，關於納波尼德為何決定把宮廷遷往泰馬，居魯士二世（俗稱居魯士大帝）領導的新興波斯帝國的擴張企圖，可能比納波尼德本人的宗教動機更重要。居魯士的野心使巴比倫王國在北美索不達米亞和敘利亞的附屬領土陷入險境，范・德・米羅普認為，「失去這些領土，巴比倫尼亞和地中海的聯繫會被切斷，納波尼德可能探索了從巴比倫城穿越沙漠到西邊的新路線，以確保往返地中海的通道。」

有人認為，納波尼德的行動至少有一部分是出於特定的商業考量。阿拉伯半島北部是極其富裕的地區，許多具有戰略價值的貿易路線途經此地，這些路線被當作黃金、乳香和各種異國香料等商品的管道。英國考古學家瓊安・奧茨（Joan Oates）表示，來自大馬士革、示巴（Sheba）、阿拉伯海灣和埃及的商隊路線在泰馬匯聚：「這座城市是阿拉伯貿易的天然樞紐，在阿拉伯南部拿下一個新的貿易帝國，將是一項和尼布甲尼撒相稱的偉大成就。」

納波尼德在泰馬逗留的理由可能是合理的、實際的。但他為什麼留在那裡這麼久呢？一旦在泰馬確立巴比倫的權威後，難道納波尼德不能把泰馬交給副手，留下強大的駐軍做其後盾嗎？時間一年年過去，納波尼德返回都城變成一件越來越緊迫的事——部分是因為他不在的這段期間，以馬爾杜克神為號召的新年節慶無法慶祝。新年節慶就這樣被忽視了十年。此外，還有另一件迫切的事需要納波尼德回國——來自境外的威脅日益增加，需要重新穩定他的王國。

居魯士是境外威脅中最難對付的一個。納波尼德於西元前五四三年返回都城的一個主要動機，很可能是要為反擊波斯入侵做準備——波斯不只是要入侵他的附庸領土，而是巴比倫王國的核心地帶本身。居魯士出征安納托利亞西部，已經展示出他的擴張野心，他並於西元前五四六年摧毀了安納托利亞西部的呂底亞帝國（Lydian empire）。到了西元前五四三年，居魯士確實有意把統治權擴展到美索不達米亞一帶。納波尼德意識到他的王國即將遭到入侵，他下令把境內主要神廟的所有巴比倫神像都帶到巴比倫城妥善保管，這樣一來，神像就能免受敵人的侵害。不過，這只是一廂情願的想法。都城很快就會被攻陷。

居魯士深知納波尼德的王國幾乎就是他的了，他於西元前五百三十九年向底格里斯河進軍，陪同的還有向波斯倒戈的一名巴比倫總督。在歐皮斯城外的一場激戰中打敗納波尼德的軍隊後，居魯士渡河，控制了巴比倫北部的西帕爾城，然後於西元前五三九年十月二十九日奪下了巴比倫城本身。西帕爾城和巴比倫城可能都不戰而降。事實上，雖然居魯士在歐皮斯擊敗了巴比倫軍隊，展現了他的軍事實力，但是他也利用政治宣傳作為贏得巴比倫民心的有效工具。居魯士聲稱，馬爾杜克親自命令他前來占領巴比倫城。居魯士還下令不准侵犯巴比倫城和巴比倫尼亞境內的神廟，鞏固了他對被征服的巴比倫尼亞人的善意。

納波尼德後來怎麼了？他被居魯士俘虜，但最終的命運仍不確定。有一說稱他被居魯士這位征服者處決了，另一說則告訴我們，居魯士將他逐出巴比倫城，把他安置在他的王國的其他地方，也許在那裡當個地方的總督。

事實上，根據另一份史料表示，納波尼德可能比居魯士和他的繼任者岡比西斯（Cambyses）活得更久。

《聖經》傳統裡的巴比倫國王

可能有點出人意料的是，《聖經》沒有一句話提到納波尼德。對此，普遍被人接受的解釋是，相關的《舊約聖經》經書作者，特別是《但以理書》的作者，把納波尼德和尼布甲尼撒混為一談了（猶太史學家約瑟福斯錯把伯沙撒和納波尼德當作同一個人）。這樣一來，他們把納波尼德統治期間的一些扭曲面向融合到尼布甲尼撒的統治之中。因此，《但以理書》中所述，關於尼布甲尼撒對夢境及其正確解釋的執著，被認為是出自納波尼德在其銘文上描述夢境的習慣。

更具體地說，納波尼德在阿拉伯沙漠的十年旅居，在《聖經》傳統裡被轉變為尼布甲尼撒的七年瘋狂；尼布甲尼撒因為神的命令，在曠野度過這些年（作為對他的傲慢和他對都城感到自豪的懲罰），和野獸為伍，吃草，他的頭髮像鷹的羽毛一樣長，他的指甲像鳥的爪子一樣（《但以理書》4:28-33）。這個可怕的形象後來保留在威廉·布雷克（William Blake）的名畫裡（圖9）。事實上，《聖經》對尼布甲尼撒的記載，影響了後世對於尼布甲尼撒這位國王的所有看法——至少一直影響到西元後十九世紀，近東語言被破譯為止。有關尼布甲尼撒統治的楔形文字的發現和翻譯，提供了更準確、更平衡的觀點，強調他在物質和社會方面、文化和政治方面的許多正面成就。

圖 9　威廉・布雷克的尼布甲尼撒。（© 2006 TopFoto）

在《但以理書》中，尼布甲尼撒最終懺悔自己的罪，服從神，神於是把理智、王位和王國都歸還給他。但隨後尼布甲尼撒的兒子登基為王，他的兒子在《聖經》故事裡被稱為伯沙撒。正是伯沙撒在位時，巴比倫王國驟然終止。伯沙撒宴請一千名貴族時，筵席廳牆上出現文字的情節，後來變成千古流傳的不朽故事，尤其是林布蘭（Rembrandt）的名畫最為著名（圖10）。「彌尼，彌尼，提客勒，烏法珥新」

圖 10　伯沙撒看見「牆上的字」，林布蘭作品。（© FineArt / Alamy Stock Photo）

（MENE、MENE、TEKEL、UPHARSIN）等詞，是由大而小的貨幣單位，有經濟越發萎縮之意，但以理對此提出他的詮釋，他宣稱這些字跡代表伯沙撒命在旦夕，而波斯人將征服他的王國：「神已經數算你國度的年日，使之到此為止；你已經被放在秤上稱了，發現分量不夠；你的國要分裂，歸給米底人和波斯人。」（《但以理書》5:26-8）。

走筆至此，我們或許可以提一下，根據《聖經》記載，但以理是其中一位以色列的年輕貴族（但以理被巴比倫官員改名為「伯提沙撒」〔Belteshazzar〕），他們「毫無殘疾、相貌英俊、學問淵博、知識豐富、聰慧善學、能在王宮服侍」（《但以理書》1:3-4）。毫無疑問，《聖經》的這個說法反映尼布甲尼撒實施的一項總體方針，也就是在被遷移到他王國的人當中，找出展現特殊氣質和天賦的人，適當地培訓他們，在王國的文化、知識和政治發展上，善用他們的才能。有才華的人幾乎肯定可以在征服者的國度享有美好生活，並獲得重用。

《但以理書》可能編纂於西元前三世紀和二世紀，幾乎可以肯定作者們非常熟悉新巴比倫帝國的歷史。他們知道伯沙撒不是尼布甲尼撒的兒子，而是巴比倫最後一位國王納波尼德的兒子。他們也知道伯沙撒從來不是名正言順的國王。儘管伯沙撒在父親缺席期間行使許多國王的職責，但他在當時的銘文中至多只被稱為「國王的兒子」而已。而且當父親納波尼德返歸巴比倫城恢復全部王權之後，他就退到一旁了。

《但以理書》的作者們大幅改編了新巴比倫王國的歷史，將尼布甲尼撒的繼承者從四人減少到一人（而且剩下的那一人，也就是伯沙撒，從來沒有國王的資格）。他們這樣做是為了盡可能把故事變得簡單，把短暫在位且庸碌平凡的統治者從故事中刪除，有助於加強他們想要傳達的訊息。尼布甲尼撒是大惡魔，是毀滅耶路撒冷和大規模驅逐其城內居民的人。需要強調的是，尼布甲尼撒實施這些暴行是經過神的同意；神打算懲罰祂的子民的罪孽和邪惡，而尼布甲尼撒是祂的工具。然後，神對巴比倫做出最後的復仇，波斯人如今成為神罰的工具，摧毀了邪惡的帝國及其末代國王，也就是尼布甲尼撒的「兒子和繼承者」。在《聖經》故事中，伯沙撒最後的惡行是他的褻瀆之舉，他用父親洗劫自耶路撒冷聖殿的聖器當作宴席的酒杯。

第八章

尼布甲尼撒的巴比倫城

「這宏偉的巴比倫豈不是我用大能建立為京都，以顯我的威嚴和榮耀嗎？」

——《但以理書》4:30

重建尼布甲尼撒的王國首都

到了尼布甲尼撒統治末期，巴比倫城已成為世界上最宏偉的城市（圖11）。國王的父親、也是前任統治者納波帕拉撒爾，在擊潰前宗主國亞述之後，重新開始修復王國各地城市的任務。他作為偉大的建設者，以及巴比倫悠久傳統和習俗的擁護者及修復者——尤其是巴比倫古老的宗教習俗、巴比倫人尊敬的神，以及從事這些活動的聖所和信仰中心——在他聲稱的成就裡占有一席之地。兒子全心全意地追隨父親的腳步。在尼布甲尼撒統治下，巴比倫的文化、知識和物質光輝臻於頂峰。王國的其他城市在他統治期間受益匪淺，特別是物質發展方面。巴比

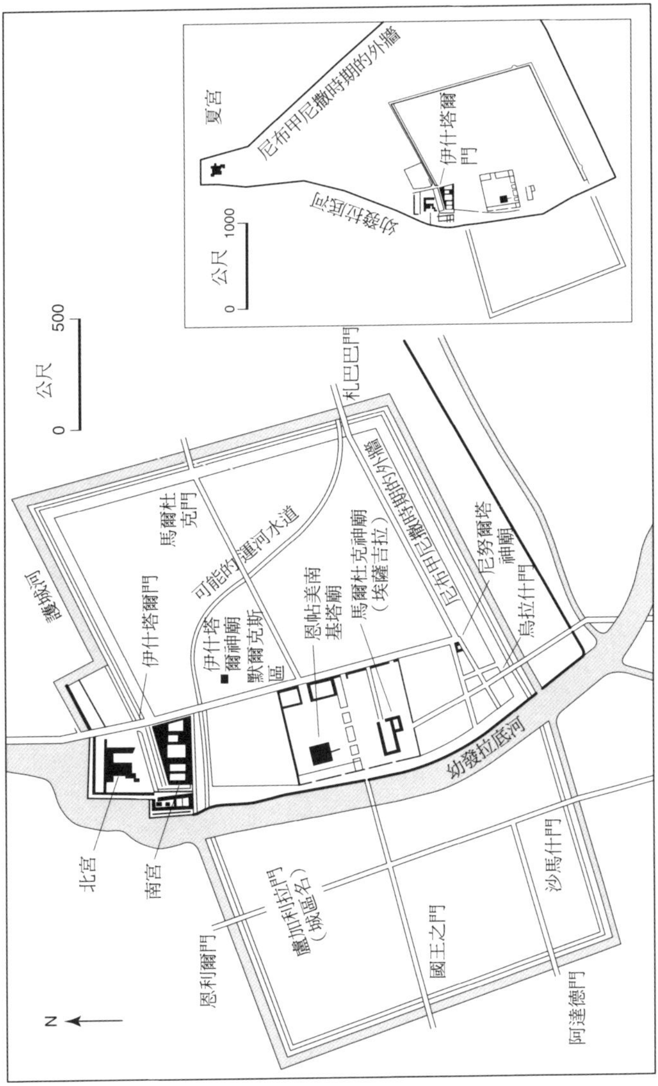

圖 11　尼布甲尼撒的巴比倫城。

倫尼亞各地城市進行的大規模建設，需要大量的人力、財富和建築材料。在很大程度上，這一切來自納波帕拉撒爾和尼布甲尼撒的軍事征戰的戰利品，這些戰利品乃是又在戰場上取得勝利後，從新征服領土搜刮而來。

考古學提供有關巴比倫城在鼎盛期比較詳細的資訊。羅伯特·寇德威（Robert Koldewey）的發掘，以及後來伊拉克文物總局（Iraq Directorate-General of Antiquities）自一九五八年起展開的發掘，都證明新巴比倫時期的巴比倫城是所有遺跡層位裡保存最完好的一層。現存的當代楔形文字紀錄，也為我們提供大量有關尼布甲尼撒首都的資訊。其他資訊出自後來希臘和羅馬作家的記載與描述，儘管往往比較不可靠。

對我們最具啟發性的古典時代文獻來自希臘史學家希羅多德。希羅多德在西元前五世紀寫作——尼布甲尼撒死後大約一百年——他為我們留下關於巴比倫城在他的時代的廣泛描述。強調「在他的時代」很重要，因為在希羅多德的時代，新巴比倫王國已經陷落，巴比倫尼亞由波斯人控制。我們還應該補充一點，希羅多德本人可能從未造訪巴比倫城，而是仰賴曾經去過巴比倫城的人的記述。他對巴比倫城奇觀的一些描述無疑也嚴重誇大，而且和考古學家的實地發掘的東西非常不一致。儘管如此，希羅多德對巴比倫城的描述，在有關尼布甲尼撒巴比倫城的多數記載裡頗具分量，而且在當時及後來的古典時期，對於形塑全盛期巴比倫城樣貌的看法非常有影響力。

但關於尼布甲尼撒的巴比倫城，考古紀錄是我們最可靠的資訊來源。從出土的遺跡來看，我們得知當時的王都面積約有四百五十公頃（若把東邊外城牆內的土地也算進來則有八百五十公頃）。幼發拉底河流過巴比倫，把城市劃分為兩個面積不相等的部分，較大的那部分在河的東岸。城市的兩部分由一座橋連接起來，橋由船形的橋墩支撐。過橋需要繳交通行費，但也可以搭渡輪到對岸。河的兩岸用經過燒製的磚頭築堤鞏固，抵禦侵蝕和洪水。運河網將水輸送到整個城市。

從納波帕拉撒爾時期破土，然後在尼布甲尼撒時期完工的興建計畫之中，有一項是巴比倫的宏偉城牆，它的年代其實可以追溯到新亞述時期或更早的時代。巴比倫有兩道主城牆，一道外牆，一道雙層內牆。外牆延伸約十八公里長，圍住位在幼發拉底河以東的城市，還有最北端的尼布甲尼撒「夏宮」。護城河從幼發拉底河引水，防禦壁壘則沿著整個護城河延伸，加強它抵禦敵人攻擊的能力。

大致呈矩形的雙層內牆由內外兩層組成，綿延超過八公里，圍住城市的主要建築。它也一樣受到引幼發拉底河河水的護城河進一步保護。根據希羅多德的說法，城牆上有一條寬敞的大道可以讓四匹馬拉的戰車通過，夾在內外兩層城牆上方的兩排單室建築之間（西元前一世紀的希臘史學家，西西里的狄奧多羅斯〔Diodorus Siculus〕說，兩輛四匹馬拉的戰車可以輕易地在城牆上彼此交會）。希羅多德進一步聲稱，城牆有不下一百個城門！基本上，後來的古典時代作者發現，他的統計數字過度誇大了。但城牆絕對是尼布甲尼撒的巴比倫城令人印象極為深刻的特色——而且被一些古代作家列為古代世界七大奇觀之一。

穿過這些城牆進入巴比倫的城門總共大概有九座。考古挖掘只發現了其中一

圖 12　重建的巴比倫城伊什塔爾門。（© Robert Harding Picture Library Ltd / Alamy Stock Photo）

些，不過我們從楔形文字紀錄得知每座城門的名稱。它們以神的名字命名，例如阿達德、沙馬什、恩利爾和馬爾杜克。最著名的是獻給女神伊什塔爾的城門（圖12）。原始高度十五公尺，飾有藍釉的龍像和動物浮雕。在柏林的近東博物館（Vorderasiatische Museum）可以看到部分重建的城門。正是這座城門通往二百五十公尺長的遊行大道（Processional Way），遊行大道是巴比倫城最顯著的特色之一，也是一年一度新年節慶活動的主要背景。

新年節慶

在名為「阿基圖」（Akitu，巴比倫和其他巴比倫尼亞城市舉行的眾多年度節慶中最重要的一個）、為期十二天的慶祝活動中，王國主要神祇的雕像被聚集在一起，慶祝春天的到來，並參加馬爾杜克戰勝邪惡勢力的重現儀式。在慶典的第五天，馬爾杜克之子納布（Nabu）的神像從祂的城市博爾西帕沿幼發拉底河乘船抵達，同時前來的還有其他城市的主神雕像，所有神像都乘坐裝飾著寶石的特製船隻。

抵達目的地後，眾神被抬著遊行，國王和他的臣民緊跟在後，朝供奉馬爾杜克的埃薩吉拉神廟區前進。國王進入神廟最深處的聖殿。他所有象徵身分地位的徽記都被拔除，然後被人揪耳摑掌。經過羞辱的儀式後，國王向馬爾杜克鞠躬，然後對神保證在過去的一年裡沒有犯下任何罪行，也沒有忽視他的宗教責任或對他的城市應盡的義務。國王再次被摑掌，力道強勁足以使他兩眼噙淚（從而贏得神的認可），然後他才能拿回代表王室身分的裝飾徽記。

第二天，馬爾杜克離開埃薩吉拉神廟區。祂新獲得的權力和威信，在一場盛大的公開遊行中為人頌讚。在遊行隊伍最前方的是國王和馬爾杜克神像，國王「牽著神的手」，其他神祇緊隨其後。宴會盛大，歌舞作樂，巴比倫大部分的居民都會參加這個活動。隊伍走在遊行大道上穿過伊什塔爾門，然後沿著幼發拉底河前往名為「阿基圖之家」的神廟。更多儀式在阿基圖之家舉行，直到慶典的第十一天，眾神於第十一天再次返回巴比倫城。慶祝巴比倫及其主神新生的活動即將結束。慶典以一場盛宴作結，筵席結束後，巴比倫王國內的其他神祇乘坐珠光寶氣的「水上計程車」，被護送回到祂們各自的城市。

宮殿和神廟

國王在王國內許多地方都修築了王居，但尼布甲尼撒在巴比倫城建造的那些宮殿是所有王居之首。他的父親納波帕拉撒爾已經建造了一座鄰接遊行大道西側、令人歎為觀止的宮殿，即所謂的「南宮」。尼布甲尼撒對南宮做了更大規模的重建，我們從考古發掘得知，最終完成的南宮有五個庭院，還有許多房間和接待廳。最華麗的庭院可通往尼布甲尼撒的王座廳。其規模和凡爾賽宮的鏡廳（Gallery of Mirrors）相當，有人認為這裡就是伯沙撒舉辦盛宴的場所。南宮是尼布甲尼撒在巴比倫最重要的王居，但他在統治的末期興建起第二座宮殿，緊鄰南宮的北邊。有人認為這座「北宮」可能包含一座博物館，因為那裡發現了大量古物，包括玄武岩獅子，以及各種神祇、國王和總督的雕像和石碑，其中有一些可以追溯到西元前第三千年紀，但這個理論已經被徹底推翻。兩座宮殿都有固若金湯的防禦系統。

巴比倫城裡還有第三座宮殿，由尼布甲尼撒建造，位於城市的最北端，在城市的外牆內。它被稱為「夏宮」，因為裡面發現了一度被認為是通風井的遺跡；但事實證明，這些「通風井」建造的年代要晚得多——屬於帕提亞帝國時代，蓋在該遺址上的一座堡壘的底部結構。無論如何，遠離城市中心，但仍在外城牆防禦工事內的「夏宮」可能讓國王能遠離城市喧囂，避居休養，同時又離城市中心夠近，方便他密切掌握首都和王國的事務。

巴比倫世界最重要的神聖場所就在城裡的最中心。這是一個名為「埃薩吉拉」的神廟區域，埃薩吉拉在蘇美語的意思是「頂部高聳的房屋」。埃薩吉拉的年代至少可以追溯到西元前第二千年紀初期，這處聖所長期以來一直被視為極為神聖的地方。神廟區裡有巴比倫尼亞最重要的馬爾杜克神聖壇。它在西元前六八九年，辛納赫里布洗劫巴比倫時被毀，後來的亞述國王重建了一部分的神廟，並歸還了被辛納赫里布奪走的馬爾杜克神像。然而，尼布甲尼撒下令徹底重建神廟，建造九公尺高的大門，用貴金屬裝飾神像廳，還用黎巴嫩雪松木製成門和天花板橫梁。神廟區也供奉其他重要的巴比倫神祇，包括馬爾杜克的妻子扎爾帕尼圖（Zarpanitu）和他的兒子納布（文士的守護神，這清楚顯示書寫能力的重要性，因為書寫的守護神是巴比倫的主要神祇之一）。尼布甲尼撒在他的一篇銘文裡告訴我們，他下令以黃金覆蓋的馬爾杜克聖壇，使其閃耀如太陽。

在巴比倫城主要的信仰崇拜區內、埃薩吉拉的北邊，是巴比倫第二重要的信仰場所——恩帖美南基「天地基礎之屋」。這裡有供奉馬爾杜克的塔廟。神祇的聖壇位在一個有六級臺階的平臺之上，最初可能興建於西元前第二千年紀末，甚至更早。它也被辛納赫里布摧毀，然後被他的繼任者部分修復。但就像埃薩吉拉一樣，尼布甲尼撒在父親早期重建的基礎上大力翻修這座塔廟。《聖經》傳統裡著名的「巴別塔」就是源自於這個結構。

這兩處神廟區域主宰著巴比倫城的宗教生活，也是城市景觀的重要特徵。塔廟尤其是顯眼的地標，也許還有瞭望點的用途，可以在敵人逼近時及早預警。但城裡各處還有許多其他神廟，例如沙馬什神和古拉女神（Gula）的神廟。這些神廟更親切地融入城市結構裡；它們的四周沒有圍起來，只是靜靜坐落在住宅區內。

和早期一樣，住宅區基本上可能是由狹窄、雜亂、有時甚至是死胡同的街道連接起來。此外，也和過去一樣，牆壁將房舍和外界隔開，它們的起居房間圍繞著中庭建造，庭院是光線和空氣流通的重要來源。有時候，最富裕人家的宅邸會另外追加一個或多個庭院，還有非常少數的人家會蓋第二層樓。

「巴比倫的空中花園」

當然，離開尼布甲尼撒的巴比倫之前，我們不能不談談在後世傳說中最著名也最具爭議、令人想起巴比倫城的歷史遺跡——所謂的「空中花園」。

這是一個浪漫的故事。故事由西元前三世紀的巴比倫祭司貝羅索斯

（Berossos）敘述，貝羅索斯使用希臘語寫下巴比倫的歷史和傳統。不幸的是，他的作品已殘缺不全。這個故事是從約瑟福斯的著作中保存下來的。它講述尼布甲尼撒的妻子、米底公主阿米蒂斯（Amyitis）想念故鄉鬱鬱蔥蔥的山景（和巴比倫平坦、毫無特色的景觀對比鮮明）。因此，國王搭建高高的石頭露臺，在上面種植各種樹木，盡其所能想為她重建一些類似故鄉的環境。尼布甲尼撒希望透過這種方式，使妻子永遠都能想起出生地林木茂密的山巒，從而在新環境裡感到更自在。花園是獻給思鄉的異鄉妻子的心血結晶。

貝羅索斯聲稱的空中花園興建地點，很容易令人聯想到尼布甲尼撒的北宮。然而，無論是在北宮、鄰近的南宮或巴比倫其他地方，都沒有發現任何可以證明是空中花園的遺跡。事實上，儘管空中花園早已被當作古典時代的正統世界七大奇觀之一，但在七大奇觀之中，只有空中花園無法被證明曾經存在過。羅伯特·寇德威相信他已經找到空中花園，但結果證明那是毫無根據的想法，而其他在巴比倫城內的地點提案全都被推翻。此外，我們必須補充一個事實，沒有任何屬於尼布甲尼撒時代或其後的楔形文字文本提過空中花園。值得注意的是，希臘史學家希羅多德對巴比倫的奇觀滔滔不絕，卻沒有提及任何可能代表空中花園的事物。

我們也應該注意，幾乎所有提到空中花園的古典時代文獻都沒有把它歸功於尼布甲尼撒。有一個傳說認為，建造空中花園的是希臘神話的傳奇女王塞米拉米斯（Semiramis），她的歷史原型是西元前九世紀的亞述女王。但近東歷史上許多偉大的遺跡都被歸功於塞米拉米斯，特別是在幼發拉底河和伊朗境內的歷史遺跡。西西里的狄奧多羅斯指出，空中花園不是由塞米拉米斯建造，而是一位後來的敘利亞（Syrian，他大概是指「亞述」〔Assyrian〕）國王，應其中一名嬪妃的要求所建，這位妃子是波斯人，渴望有東西能讓她想起故鄉的高山草原。於是他創造出向上爬升的露臺，在上面做植栽花園，露臺的重量由一系列長廊或拱頂支撐。

儘管狄奧多羅斯的敘述與貝羅索斯的有一些共同點，但古典時代文獻裡的整體差異，不免引人質疑空中花園的傳說有沒有任何歷史基礎可言，遑論傳說能不能歸功於尼布甲尼撒時代的巴比倫城。我們應該把整個巴比倫空中花園的概念視為只是幻想嗎？空中花園不過是近東珍奇園藝範例的某種浪漫概念嗎？在許多關於空中花園傳說的辯論中，的確有人提出這樣的主張。

但認為空中花園傳說基於歷史事實的觀點，也不斷被重新提出。最近，近東學者史蒂芬妮．戴利（Stephanie Dalley）對此提出了詳細的辯護。她主張花園確實存在，但不在巴比倫。戴利指出，古典時代文獻在許多情況下，似乎把巴比倫和亞述首都尼尼微搞混了（而且巴比倫城以外的其他城市，也可能被稱為「巴比倫」），因此她主張空中花園屬於尼尼微。

她引用的部分支持證據是西元前七世紀的亞述銘文，內容描述尼尼微的一座建築，和後來古典時代文獻對空中花園的描述有很多呼應之處。她也把焦點轉移到一八五四年在尼尼微發掘過程中出土的一面浮雕，畫中呈現一排排的樹木種植在層層交疊堆高的露臺上。戴利總結說，這座「花園」是在尼布甲尼撒成為巴比倫國王的前一個世紀，由亞述王辛納赫里布建造的，建造者有意把它打造為世界奇觀之一。

最後迎來「空中花園」如何灌溉的問題。戴利相信，空中花園得以灌溉是因為辛納赫里布採用一種新的青銅鑄造法，用此工法生產出一種巨型螺旋桿，可以不間斷地把水從河流水位大量傳送到高處的每一層花園。

在欠缺確鑿證據的情況下，「尼尼微論點」仍是一種高度不確定的論點。許多學者懷疑亞述人是否擁有技術，能為懸空的森林建造有效灌溉的螺旋裝置。最重要的是，尼尼微尚未發現可能是辛納赫里布空中花園遺跡的任何證據。我們懷疑這項理論是否有進一步探究的空間。

第九章

巴比倫和波斯統治者

波斯統治的巴比倫尼亞

以賽亞對巴比倫命運的預言再殘酷不過了：「巴比倫在列國中輝煌無比，是迦勒底人的驕傲和榮耀，但上帝必毀滅它，好像毀滅所多瑪和蛾摩拉一樣。那裡必人煙絕跡，世世代代無人居住，沒有阿拉伯人在那裡支搭帳篷，也無人在那裡牧放羊群。曠野的走獸在那裡躺臥，咆哮的猛獸佔滿房屋；鴕鳥住在那裡，野山羊在那裡跳躍嬉戲。豺狼在城樓上嚎叫，野狗在華美的宮殿裡狂吠。巴比倫的結局近了，它的時候不多了！」（《以賽亞書》13:19-22）。在《聖經》傳統中，這是巴比倫故事的末日結局——伯沙撒宴會廳牆上的文字宣告巴比倫即將滅亡，神祕訊息預告伯沙撒的死亡和「米底」（即波斯）將會在宴會的當天晚上就奪取他的王國。

然而，《聖經》的紀錄大幅誇大了巴比倫的滅亡。西元前五三九年秋季，居魯士入侵巴比倫尼亞，並在歐皮斯（Opis）附近的一次交戰迅速擊敗納波尼德的軍隊，至此，巴比倫的一切抵抗實際上都結束了。凱旋進入巴比倫城，是居魯士此次征戰的高潮，據說他滿心歡喜地進城。這是我們從一份著名的巴比倫銘文得知的訊息，銘文提到當居魯士到來時，巴比倫城、乃至整個巴比倫尼亞的所有居民，包括國王和王子，都向他鞠躬，親吻他的腳，讚美他的名，興高采烈地歡迎居魯士成為他們的新主人。這份銘文刻寫在一塊黏土圓柱上，一般稱為「居魯士圓柱」（Cyrus Cylinder），一八七九年在巴比倫被發現，現藏於大英博物館（圖13）。儘管作者不明，這份文本很可能出自波斯人之手，散發一種近乎《聖經》彌賽亞救世主的風格。居魯士圓柱和居魯士當地支持者所寫的其他作品，極盡能事地批評納波尼德。

居魯士在巴比倫尼亞的首都，可能沒有像文本描述的受到熱烈歡迎——納波尼德也沒有如此不得人心——而且在居魯士冒險進城之前，即使沒有發生任何實際的軍事行動（這點我們不能完全確定），城市也早已在居魯士軍隊的掌控之中。儘管如此，居魯士可能很快就贏得許多新臣民的支持，畢竟自從他進入巴比

圖 13　居魯士圓柱。（© www.BibleLandPictures.com /Alamy Stock Photo）

倫後，就嚴令禁止傷害這座城市——不得搶劫，不得破壞其建築物，不得屠殺其公民。事實上，居魯士一開始就明確表示，巴比倫城和巴比倫尼亞歷史悠久的傳統、信仰、神祇和宗教習俗應受到尊重、保存和維護。

納波尼德在波斯即將入侵時，要求其他城市帶到巴比倫妥善保管的所有雕像，都被居魯士下令歸還到原來的聖所，這一點清楚展示他的善意。居魯士向巴比倫的主神馬爾杜克宣誓忠誠，也的確把自己視為馬爾杜克選來統治世界的代理人，並恢復了被納波尼德忽視或拋棄的巴比倫傳統。居魯士為了進一步強調他正在恢復巴比倫人的古老傳統，他想要消除納波尼德統治時期的一切痕跡，下令把納波尼德的名字從巴比倫王國的所有紀念碑上抹去。

居魯士尊重巴比倫傳統、意圖維護傳統的另一項舉措是：他任命其子王儲岡比西斯，在一年一度的巴比倫新年節慶做他的代表出席，新年節慶在納波尼德離開巴比倫，居住於阿拉伯半島期間從未慶祝過。居魯士自己採納了很多傳統巴比倫王權的頭銜和角色。蘇薩，他的第一座都城，如今已超越巴比倫，成為近東世界的權力中心。但巴比倫保有王國都城和美索不達米亞主要行政中心的地位，其官僚體系基本上未受干擾，不過如今由波斯任命的總督治理。

《舊約聖經》對居魯士的討論很正面，把他當作「耶和華膏立的王」（《以賽亞書》45:1），他讓猶太人擺脫數十年在巴比倫尼亞的奴役，使他們得以回家，重建被毀壞的家園和他們在耶路撒冷的聖殿。許多猶太人的確回到了他們的故土。但也有很多人決定留在原地。事實上，對年輕一代的猶太人而言，巴比倫尼亞才是他們的家鄉，在這個地方積極進取的人，無論血統出身，都可以透過各種商業、文化和知識活動創造美好的生活。在居魯士解放猶太人很久之後，仍有為數可觀的猶太人生活在巴比倫尼亞，享受在那裡生活的好處。

在居魯士的繼任者岡比西斯的領導下，整體來說，巴比倫尼亞似乎始終是波斯帝國裡一個穩定、繁榮和愛好和平的屬地。但仍不乏異議分子。岡比西斯死後，兩位自稱納波尼德後裔的巴比倫人（兩人皆自稱「尼布甲尼撒一」）在巴比倫叛軍的支持下奪取巴比倫王位。岡比西斯的第一位實際繼任者大流士一世

（Darius I）[2]終結了他們的野心，擊敗他們的軍隊，將他們俘虜，並處決了他們。巴比倫尼亞重返表面上平靜的生活軌道。新國王大流士在巴比倫城度過許多冬天，和當地保持緊密的個人聯繫。大流士任命其子，王儲薛西斯（Xerxes）為他在巴比倫城的代表，並建造一座新宮殿作為兒子的王宮，說明了巴比倫這座城市對大流士的重要性和意義。這有助於薛西斯在西元前四八六年父親大流士去世後順利統領巴比倫尼亞。

但至少在部分臣民之間，反對波斯統治的騷亂仍持續發酵，而且可能由於薛西斯為了資助軍事行動，加重民眾稅賦，而進一步加劇了（事實上，巴比倫成為波斯所有屬地裡稅收最高的區域之一）。兩名地方「國王」從這次騷亂中崛起，他們試圖奪取王位，贏回巴比倫王國的獨立。他們在巴比倫人民的支持下達成目標——巴比倫的民眾謀殺了波斯總督。但他們並不比反抗薛西斯父親的那兩位不

2　譯注：在大流士繼位之前，有一名瑣羅亞斯德教祭司高墨達（Gaumāta）曾短暫在位，據說他偽稱自己是居魯士大帝之子、岡比西斯的弟弟巴爾迪亞（Bardiya），但也有說法認為這是大流士篡位後編造來誣陷真正的巴爾迪亞的故事。

幸的「尼布甲尼撒」成功。起義再次被鎮壓，巴比倫尼亞的首都被占領，波斯統治權重新凌駕在這片土地上。薛西斯可能對首都做了進一步的報復行動，包括掠奪馬爾杜克的神廟。

事實上，有些學者認為，希羅多德（《歷史》第三卷，152-158節）對大流士長期包圍並洗劫巴比倫城的記載，主角應該換成薛西斯。但這個事件的歷史真實性非常可疑。希羅多德對西元前五世紀中葉巴比倫城的描述，沒有任何跡象顯示城市最近剛被掠奪。相反的，儘管鼎盛期早已過去，但巴比倫城無疑仍令造訪者心生敬畏且驚嘆不已。此時，巴比倫可能受益於薛西斯之子，王儲阿爾塔薛西斯一世（Artaxerxes I）展開的新建設計畫。阿爾塔薛西斯一世在西元前四六五年，父親薛西斯被刺殺後繼位。

總體而言，巴比倫尼亞在波斯統治下仍然欣欣向榮，許多巴比倫城市仍是繁華的貿易和商業中心，並保有重要學術中心的聲譽。這些特色幫助吸引了從許多其他國家前來的移居者。從當地出土文獻和傳世古典文獻中，我們得知首都巴比倫城和巴比倫尼亞的其他城市有各式各樣的族群。在主街上熙來攘往的群眾包括來自東方的印度、阿富汗和伊朗的族群，來自南方和西南方的阿拉伯人和埃及人，來自北方的亞美尼亞人，以及來自西北方的敘利亞人、希臘人、卡里亞人（Carians）、呂底亞人和弗里吉亞人（Phrygians）。城市街道充斥著各種不相通的語言。在波斯帝國時代，巴比倫尼亞的政治重要性也許微不足道。但就普世性和多元文化而言，現在的巴比倫尼亞成為近東世界最重要的國際交流場所之一，且可能更勝以往。

亞歷山大大帝和巴比倫

儘管阿爾塔薛西斯之後的幾個統治者任內有更多動盪，巴比倫尼亞始終在波斯的控制之下，直到西元前三三〇年。在這一年，亞歷山大大帝掃除了波斯帝國的最後殘餘勢力。早在前一年，亞歷山大和波斯國王大流士三世（Darius III）

就在北美索不達米亞的高加米拉村莊（Gaugamela）附近決戰。亞歷山大大獲全勝，儘管大流士三世僥倖逃離戰場，後來卻被自己手下的一名大將暗殺。同一年，亞歷山大迅速確立對巴比倫尼亞的統治，凱旋進入首都巴比倫。歷史似乎再次重演，據說巴比倫的新統治者受到民眾的熱烈歡迎，就像被亞歷山大摧毀的波斯帝國奠基者居魯士在兩個世紀前受到的對待。

和居魯士一樣，亞歷山大也打算透過展現對新臣民悠久傳統的尊重和崇敬，以及用修復重要建築——尤其是宗教建築——這種更為實際的方式，贏得民心。修復恩帖美南基塔和埃薩吉拉神廟的工作已經開始。為了準備重建（儘管從未發生）宏偉的塔廟，必須先將它拆除（同時代的楔形文字泥板提到清除建築結構的土層）。在亞歷山大的統治下，巴比倫城將重返昔日巔峰，因為它將成為亞歷山大擁抱東西方世界的新帝國首都。史料顯示，擁抱東西方世界是亞歷山大大帝的理想。

在巴比倫待了幾個月後，亞歷山大開始繼續東征，深入波斯帝國的核心地帶，以及巴克特里亞（現今阿富汗境內）和印度。八年後，西元前三二三年的春天，亞歷山大回到巴比倫。當時，埃薩吉拉神廟區的修復工作正在迅速地進行。但亞歷山大第二次造訪巴比倫時沒有打算久留，因為他在停留期間計畫了阿拉伯半島遠征行動。歷史告訴我們，亞歷山大最後未曾離開巴比倫。他在出發前不久身患熱病，十二天後即去世。西元前三二三年六月十三日，亞歷山大在他預計奠定的新都去世，享年僅三十二歲，英年早逝斷送了這位年輕人使巴比倫再次成為偉大皇家首都的宏圖大計。

塞琉古和羅馬時期的巴比倫尼亞

亞歷山大死後的幾年裡，他手下的將領們，即所謂的「繼業者」（Diadochoi），為了瓜分這個他剛剛征服、仍非常脆弱的帝國，爭論不休，互相攻伐。西元前三二〇年，繼業者們在敘利亞舉行的一次會議上，試圖達成協議，割據帝國的各個部分，有一位亞歷山大堅定的戰友，名叫塞琉古（Seleukos），獲得對巴比倫尼亞行省的控制權。這項任命將在他未來的生涯及其王朝繼任者的生涯發揮關鍵作用。但巴比倫尼亞的控制權，有一段時間，掌握在亞歷山大的另一位繼業者驍勇戰士「獨眼」安提柯（Antigonos Monophthalmos）手裡。巴比倫尼亞及其主要城市現在捲入了安提柯和塞琉古兩方的激烈競爭。

塞琉古終究取得了勝利，當安提柯在與塞琉古和幾位其他繼業者領導的聯軍作戰時陣亡（在安納托利亞），塞琉古重新建立起對巴比倫尼亞的權威。塞琉古現在將一大片敘利亞土地納入已經受他控制的版圖。他成為塞琉古帝國的開創者，領土包括近東世界的廣大地區。塞琉古在自己的帝國各地建造許多新城市，為他所開創的塞琉古王朝的繼任者樹立榜樣。塞琉古招來希臘人殖民其中許多城市，但同時他的政策是，在有傳統習俗和信仰的城市和地區，其傳統習俗和信仰應該被保存和尊重，當地人應該和希臘人一起在新舊制度中被賦予公民身分，非希臘社群將獲得塞琉古王朝統治者的恩惠和贊助，他們的宗教儀式、信仰和聖所受到保護和尊重。

但塞琉古的統治是巴比倫作為近東世界主要城市的終結的開始。和預計定都巴比倫的亞歷山大不同，塞琉古在巴比倫以北約九十公里處的底格里斯河畔，為自己建造了一座新首都。它被稱為底格里斯河畔的塞琉西亞（Seleukeia-on-the-Tigris），吸引了許多新來的移居者，包括許多來自巴比倫尼亞和巴比倫城的人。儘管帝國創立者聲稱有意保存傳統習俗和慣例，但希臘文化的發展不可避免地對巴比倫尼亞和其他地區的傳統生活造成損害。不過，巴比倫城仍然是區域內的重要宗教中心（最早的保障來自塞琉古之子與繼任者安條克一世〔Antiochos I〕，他下令重建巴比倫最神聖的埃薩吉拉神廟），這個地位至少持續到了西元前一世紀。

巴比倫也仍然是這時期重要的文化和知識中心。如同瓊安．奧茨所言，此時人們似乎重燃對楔形文字文學的興趣，天文學和占星學研究蓬勃發展，這也許是受到安條克一世的積極支持和鼓勵。國王的幾位繼承者對巴比倫施予恩惠，包括贈送土地給巴比倫及其他巴比倫尼亞的城市，如信仰中心庫塔（Cutha）和博爾西帕。事實上，在第八位塞琉古帝國統治者安條克四世（Antiochos IV, 175-164 BC）的統治下，巴比倫似乎準備迎向新的生命，據說，巴比倫可能會成為塞琉古帝國的新東方首都——儘管巴比倫城的許多傳統特徵，很有可能被安條克四世在此處建立的新希臘殖民區所掩蓋了。

但不久之後，巴比倫尼亞落入另一個政權的控制，此政權於西元前二四七年在伊朗崛起。這就是帕提亞王國。帕提亞王國向西擴張的野心，使它和該地區的塞琉古王朝統治者及其羅馬繼承者發生衝突。從國王米特里達梯一世（Mithradates I, 171-138 BC）統治時期起，帕提亞統治者經常和塞琉古對手開戰，爭奪美索不達米亞的控制權。巴比倫城不可避免地捲入這些戰爭，統治權擺盪在塞琉古國王和帕提亞國王之間。在帕提亞的統治下，巴比倫城沒有完全被忽視，事實上，有證據顯示在帕提亞控制時期，巴比倫城內仍有一些建設活動。最重要的是，埃薩吉拉神廟持續發揮城市精神中心的作用。除了巴比倫宗教生活的傳統元素，巴比倫知識生活的一些傳統元素也延續到西元後一世紀。年代追溯到如此晚期的楔形文字範本已經被發現，儘管用楔形文字書寫的文件在當時侷限於天文和數學領域。等到西元一世紀末期，楔形文字書寫系統已經徹底滅絕。

有關這段時期巴比倫的物質生活狀況，我們從古典史料得到不盡相同的紀錄。西西里的狄奧多羅斯的記載給我們的印象是，在西元前一世紀末，巴比倫城已經是一個幾乎被遺棄的、荒涼的地方。它的城牆仍然壯觀——事實上，西西里的狄奧多羅斯把巴比倫城牆列為世界七大奇觀之一——但那時城牆內的大部分土地已經用於耕作；城市的其他主要建築，包括埃薩吉拉神廟在內，現在都成了廢墟。可是，一個世紀後，羅馬作家老普林尼（Pliny the Elder）指出，埃薩吉拉神廟仍在運作。事實上，神廟可能一直持續運作到西元三世紀，儘管它的周圍大抵都處在破敗、廢棄的狀態。據我們所知，西元後一一六年，羅馬皇帝圖拉真在幼發拉底河以東征戰後返回之時，巴比倫城就是這樣廢棄的狀態了。圖拉真造訪巴比倫是為了向亞歷山大大帝致敬，他在據信為亞歷山大大帝去世的那個房間裡，為紀念死者獻祭。

巴比倫的遺產

但在接下來的幾個世紀裡，巴比倫城從未完全從人類的記憶中消失。事實上，文字紀錄顯示，西元後九世紀和十世紀時，城裡局部土地再次有人居住，當時巴比倫城是行省首都，其行政區被稱為「巴別」（Babel）。巴比倫城與《聖經》的連結，促使許多早期的猶太教徒和基督徒旅人前往。第一個為人所知的旅人是一位來自西班牙北部的拉比，名叫圖德拉的本雅明（Benjamin of Tudela）。受到猶太傳統中的巴比倫故事以及仍然居住在該處的猶太社群所吸引，圖德拉的本雅明在西元後一一六〇至一一七三年間，兩次造訪巴比倫城，以及巴比倫尼亞的其他遺址。他成為第一位向我們我們描述巴比倫廢墟的歐洲人。本雅明的記載包含對尼布甲尼撒宮殿遺跡的描述。本雅明也描述他所認為的巴別塔遺跡。但他聲稱這些建築位於另一座巴比倫尼亞的城市，博爾西帕。

接下來三個世紀，有幾位旅行者追隨了本雅明的腳步。毫無疑問，他們踏上旅途的其中一個主要原因，是想要親眼目睹《聖經》預言的實現——因為巴比倫城，作為世界曾經引以為傲的首都，如今成了一片廣闊的廢棄之地，住著蛇蠍和其他野生又有毒的生物（這些早期旅人如是說）。在文藝復興全盛期間，隨著對古代世界及其文物的興趣持續增長，造訪美索不達米亞的西方遊客人數從十六世紀起不斷增加。巴比倫城成為人們關注的焦點之一，這不僅是因為巴比倫與《聖經》的關聯，也是因為希臘和羅馬作家的作品很常提到這座城市。

直到那時，甚至直到十九世紀上半葉，我們對巴比倫城的認識基本上源自三種史料——從十世紀開始，一連串遊客對巴比倫廢墟的紀錄；《聖經》巴比倫城的許多描述和預言；以及古典時代作家對巴比倫城的紀錄。三者當中影響最大的是《聖經》對這座城市充滿敵意的論述。不出意外，《聖經》的這些史料是猶太—基督教傳統對巴比倫城看法非常負面的原因，而這樣負面的看法對西方藝術和文學呈現巴比倫的方式影響深遠，最著名的例子有老彼得·布勒哲爾（Bruegel）的〈巴別塔〉、布雷克的〈尼布甲尼撒〉和林布蘭的〈伯沙撒〉。

對巴比倫城的整體描繪顯然是一幅扭曲的、非常狹隘的畫面。但一直到維多利亞時代中期之前，情況不可能是別的樣子。直到維多利亞時代中期，古巴比倫人還無法為自己發聲。隨著楔形文字和語言在十九世紀中葉被破譯，情況才有所轉變。史上頭一遭，我們能夠使用巴比倫人自己留下的書寫紀錄。直到當時為止，我們對巴比倫人的了解，僅限於其他族群對他們的看法，且通常來自一種狹隘又帶有偏見的觀點，而且這些描述往往來自於事件發生的幾百年之後。楔形文字及十九世紀末在巴比倫進行的首次全面發掘，平衡了這個負面、狹隘的觀點，並記錄巴比倫人對同時代及其後的文明所做出的許多社會、知識和文化貢獻。

《漢摩拉比律法》顯示，漢摩拉比和他的許多繼任者重視正義能夠在全巴比倫尼亞的土地上被伸張，也重視社會最弱勢成員應該得到法律的保護，並且能向侵害者請求法律補償。在這一點上，漢摩拉比維持著幾位先前美索不達米亞國王在社會改革計畫中確立的基本正義原則。但漢摩拉比的法律彙集也為年代更晚的法令提供了基礎，例如《西臺法典》。我們也發現《漢摩拉比律法》的許多條款和《舊約聖經》的律法相呼應，例如關於「利未婚」（levirate marriage）[3]的規定，以及對各種性犯罪和其他侵犯的處罰。「以眼還眼，以牙還牙」原則，也深植於《漢摩拉比律法》和《舊約聖經》的法律傳統。

由於猶太人被迫住在巴比倫近半個世紀，因此許多猶太人，特別是猶太祭司和學者，沉浸在巴比倫主人的習俗、傳統和制度中，有很多傳統被猶太人吸收到自己的文化裡。因此，《聖經．創世記》講述的洪水故事顯然在很大程度上源自美索不達米亞文學的大洪水記載，例如巴比倫的《阿特拉哈西斯史詩》和《吉爾伽美什史詩》中的洪水故事。這些史詩以及其他美索不達米亞「經典」，在未來幾百年持續融入近東世界的文化結構。舉例來說，有許多《吉爾伽美什史詩》的

3 譯注：又稱轉房婚，《申命記》第二十五章提到婦女若夫死無子，死者的兄弟有義務娶其為妻。

殘缺版本在橫跨好幾個世紀的不同近東文明中心被發現。這些巴比倫傑作成為專業文士教育之中，標準訓練的必要部分。

整體而言，從漢摩拉比時代起，巴比倫語就被牢牢確立為近東世界的主要國際語言，事實上，巴比倫語成為近東世界的通用語言長達好幾個世紀，從青銅時代晚期和鐵器時代一直持續到西元前第一千年紀，直到最終被亞蘭語取代。西臺人最終從巴比倫尼亞採用了楔形文字來書寫自己的語言，其媒介可能是早期西臺征戰從敘利亞帶回來的文士。在書寫文化傳播的過程中，西臺人把《吉爾伽美什史詩》納入書寫學校的課程。

西臺人也許在傳播來自巴比倫尼亞的文化傳統——更廣泛來說，來自美索不達米亞的文化傳統——到希臘羅馬西方世界的過程中，發揮了一定作用，不過敘利亞北部很可能在文化傳播中扮演更重要的角色。西元前八世紀的希臘史詩詩人荷馬幾乎肯定知道《吉爾伽美什史詩》，並在他創作《伊利亞德》和《奧德賽》時，受到其中的情節和觀念啟發。學者們指出巴比倫詩歌與荷馬詩歌在主題、個別情節，以及所描述的習俗方面有許多相似之處。順道一提，西元後二世紀的諷刺作家琉善（Lucian）確實聲稱荷馬是巴比倫尼亞人的後裔，不過，我們幾乎可以肯定琉善只是在開玩笑。

在巴比倫尼亞的歷史上，許多科學領域都有重大進展。巴比倫人以醫療技術聞名於世，西臺王室在加喜特王朝時期請求巴比倫醫療人員的服務可以為證。數學，以六十進位制為基礎（即以「六十」為單位計數——某種程度上，我們今天仍在使用，像是時間的測量單位）在巴比倫世界的專業領域名列前茅。早在古巴比倫時期，書寫學校的學生就習得了代數、二次和三次方程式，以及幾何等領域的技能。

巴比倫尼亞的數學研究，與天文學和占星學的研究相輔相成。特別是在亞歷山大大帝死後的三百年內，也就是我們所謂的「希臘化時代」，這些研究對希臘科學的發展產生了重大影響。預言者和占卜師在巴比倫世界受到重視，因為他們經由檢視獻祭的羊肝和觀察天象等各種手段解釋神意，並為未來提供建議。這些占卜技藝的實踐者被稱為「迦勒底人」（Chaldean），他們在古典世界備受尊敬，並且對於希臘人和羅馬人建立類似的占卜技藝發揮了巨大影響。直到楔形文字語言被破解之後，古典世界在占星學以及其他知識領域受到古巴比倫尼亞的影響程度才為人所知。

在占卜者預測未來事件和解釋神意所使用的方法之中，研究天體運動是一種重要的方法。然而，現今「占星學」一詞的涵意，無非是算命師的胡扯，以及報紙雜誌的「今日星座運勢」專欄，和占星學在巴比倫尼亞脈絡下的嚴肅、科學本質相去甚遠。在巴比倫尼亞世界，占星學和天文學密切相關。事實上，天文學研究可以說是從占星學發展出來的。因為兩者都涉及長時間、有系統地詳細記錄天體現象。為了預測未來或解釋神意而定期觀察恆星和行星的運動，使人們認識到這些天體的運動，以及日月食等現象，在數學計算的幫助下是可以預測的，進而使這些天文事件被視為反覆出現的自然現象，而不是神靈一時興起引發的隨機事件。

巴比倫尼亞的天文學研究至少可以追溯到西元前第二千年紀上半葉，我們得知在當時的安米薩杜卡（Ammi-saduqa, 1646-1626 BC）統治期間，留下了對金星運動的觀測紀錄。安米薩杜卡是漢摩拉比所屬王朝的倒數第二位國王。記錄天體預兆的做法自此延續，甚至可能更早就開始了，而且這些紀錄被當作發展巴比倫曆法系統的主要基礎之一。西元前八世紀中葉，在納波納薩爾（Nabonassar）統治時期，人們製作出準確的日食表、月食表，西元前八世紀結束時，月食和頻率遠低於月食的日食都可以相當準確地被預測。到了西元前第一千年紀中期，天文學研究已建立在穩固的科學基礎上。即使如此，天文學仍然和預言術密切相關，而那些為了解釋神意而從事天文學研究的人，在巴比倫尼亞社會最傑出的學者之間依然保有一席之地。

在西元前第一千年紀晚期，巴比倫尼亞人發明了黃道十二宮，隨之而來的是個人占星術的發展，在個人占星術中，「專家」透過解讀星座對一個人的預示，來仔細繪製他的未來。雖然從西元前一世紀開始，個人占星術顯然已經相當流行，但是個人占星術似乎不是真正研究占星學的人的重要職業。

新巴比倫帝國於西元前五三九年被波斯摧毀後，占卜技藝（包括透過觀察和解釋天象來解釋神意）實踐者的聲譽在古典世界仍備受尊敬。「迦勒底人」這個稱呼（被當作「巴比倫人」的同義詞）經常被用來指稱這些占卜從業者，而巴比倫尼亞一般的預言家和算命者也被稱為「迦勒底人」（或者，真正擁有迦勒底血統的人在這個行業裡特別出名）。特別是在希臘化時期，當塞琉古王朝統治巴比倫尼亞及近東世界的其他地區之時，天文學研究作為一門複雜並以數學為基礎的科學，發展到了頂峰。巴比倫最偉大的天文學家基丁努（Kidinnu）就來自這個時代。基丁努在西元前四世紀下半葉從事研究，那時的巴比倫尼亞天文學家和希臘天文學家已經開始合作，此後合作益發緊密。如同瓊安．奧茨所言，更普遍的情況是「占星術以及數學和天文學已經高度發展，然後在古典世界得到擴展，而希臘化科學——後來透過阿拉伯文獻傳播——將會支配古代世界和西歐直到牛頓的時代。但是，希臘化科學的根源來自巴比倫，而塞琉古時代的巴比倫天文學，在其背後有超過一千年的非凡數學發展，無疑是古代世界真實科學發展過程中的主要力量。」

然而，巴比倫作為頹廢、揮霍、無節制罪惡城市形象的典型，仍是世人對這座城市的主要觀感。由於猶太—基督教對巴比倫的負面觀點，加上西方藝術對巴比倫及其統治者駭人聽聞的描繪，又強化了這個觀點。儘管現代的美索不達米亞學者提供了一種更平衡的巴比倫形象，世界文明的偉大核心，巴比倫的負面形象依然繼續支配一切其他形象。

重大事件、時期和統治者年表

※ 新巴比倫時期之前的所有年代皆為粗略數字。不同學者對青銅時代和鐵器時代提出的斷代或早或晚。

青銅時代早期	
2900–2334 BC	早期王朝時代
2234–2193 BC	阿卡德帝國
2112–2004 BC	烏爾第三王朝（新烏爾帝國）
青銅時代中期和晚期	
2000–1735 BC	古亞述時期
1880–1595 BC	古巴比倫時期
1792–1750 BC	漢摩拉比在位時期
early C17–early C12 BC	西臺王國
1595 BC	西臺人毀滅巴比倫城
–1570–1155 BC	加喜特王朝
鐵器時代	
1154–1027 BC	伊辛第二王朝
1026–1006 BC	第二海國王朝
1005–986 BC	巴茲王朝
979–732 BC	「E」王朝
911–610 BC	新亞述帝國

新巴比倫時期（在位年代從完整統治的第一年度起算）	
626–539 BC	新巴比倫帝國
625–605 BC	納波帕拉撒爾在位時期
604–562 BC	尼布甲尼撒在位時期
587 or 586 BC	尼布甲尼撒毀滅耶路撒冷
555–539 BC	納波尼德在位時期
波斯時代	
559–330 BC	波斯帝國
559–530 BC	居魯士二世在位時期
539 BC	居魯士奪取巴比倫城
330 BC	亞歷山大征服巴比倫尼亞
希臘化時期和羅馬時期	
323 BC	亞歷山大在巴比倫城過世
305–64 BC	塞琉古帝國
247 BC–AD 224	帕提亞帝國
late C1 BC–AD C2/3	巴比倫尼亞和羅馬

君主表

※ 主要的巴比倫時期；在位年代從完整統治的第一年度起算

古巴比倫國王（粗略年代）	
（蘇姆阿布姆）（Sumu-abum）	1894–1881 BC
蘇姆拉埃勒 Sumu-la-El	1880–1845 BC
薩比烏姆 Sabium	1844–1831 BC
阿皮勒辛 Apil-Sin	1830–1813 BC
辛穆巴利特 Sin-muballit	1812–1793 BC
漢摩拉比 Hammurabi	1792–1750 BC
薩姆蘇伊路納 Samsu-iluna	1749–1712 BC
阿比埃蘇赫 Abi-eshuh	1711–1684 BC
安米迪塔納 Ammi-ditana	1683–1647 BC
安米薩杜卡 Ammi-saduqa	1646–1626 BC
薩姆蘇迪塔納 Samsu-ditana	1625–1595 BC
加喜特國王（粗略年代）	
阿古姆二世 Agum II	–1570 BC–
布爾納布里亞什一世 Burnaburiash I	–1530 BC–
卡什提利亞什三世 Kashtiliash III	late C16 BC

烏蘭布里亞什 Ulamburiash	–1500 BC–
三個國王	early–late C15 BC
庫里加勒祖一世 Kurigalzu I	late C15–1374 BC
卡達什曼恩利爾一世 Kadashman-Enlil I	1374–1360 BC
伯納布里亞什二世 Burnaburiash II	1359–1333 BC
卡拉哈爾達什 Kara-hardash	1333 BC
納茲布加什 Nazi-Bugash	1333 BC
庫里加勒祖二世 Kurigalzu II	1332–1308 BC
納茲馬魯塔什 Nazi-Maruttash	1307–1282 BC
卡達什曼圖爾古 Kadashman-Turgu	1281–1264 BC
卡達什曼恩利爾二世 Kadashman-Enlil II	1263–1255 BC
庫杜爾恩利爾 Kudur-Enlil	1254–1246 BC
沙加拉克提舒里亞什 Shagarakti-Shuriash	1245–1233 BC
卡什提利亞什四世 Kashtiliash IV	1232–1225 BC
恩利爾納丁舒米 Enlil-nadin-shumi	1224 BC
卡達什曼哈爾貝二世 Kadashman-Harbe II	1223 BC
阿達德舒馬伊丁納 Adad-shuma-iddina	1222–1217 BC

阿達德舒馬烏蘇爾 Adad-shuma-usur	1216–1187 BC
美利什帕克 Meli-shipak	1186–1172 BC
馬爾杜克阿普拉伊丁納 Marduk-apla-iddina	1171–1159 BC
札巴巴舒馬伊丁納 Zababa-shuma-iddina	1158 BC
恩利爾納丁阿希 Enlil-nadin-ahi	1157–1155 BC
新巴比倫國王	
納波帕拉撒爾 Nabopolassar	625–605 BC
尼布甲尼撒 Nebuchadnezzar	604–562 BC
阿梅勒馬爾杜克 Amel-Marduk	561–560 BC
涅里格利沙爾 Neriglissar	559–556 BC
拉巴什馬爾杜克 Labashi-Marduk	556 BC
納波尼德 Nabonidus	555–539 BC

致謝

和牛津大學出版社編輯團隊合作本書，特別是Andrea Keegan、Jenny Nugee和Carrie Hickman，簡直是一大樂事。由衷感謝昆士蘭大學的歷史及哲學學系，提供我寶貴的基礎建設支持。我很感謝Heather Baker博士，他讀了本書的草稿，給我很多寶貴的改善建議，也感謝牛津大學出版社的匿名外部審查者，這些評論在我準備書本定稿時使我獲益良多。再一次，我想要對Dorothy McCarthy表達真摯的感激，我先前的出版品有兩本都是出自她的編輯，謝謝她細讀書本的內容，在準備出版時對細節一絲不苟。

崔佛・布萊斯，昆士蘭大學

二〇一五年九月

參考資料

※ 星號（＊）表示古代文獻的譯本出版品。

關於古代近東的一般著作

- *Bible. The New International Version is used here.
- Bryce, T. R. (2009/12), *The Routledge Handbook of the Peoples and Places of Ancient Western Asia: From the Early Bronze Age to the Fall of the Persian Empire*, Abingdon: Routledge.
- Bryce. T. R. and Birkett-Rees, J. (2016), *Atlas of the Ancient Near East*, Abingdon: Routledge.
- *Chavalas, M. W. (ed.) (2006), *The Ancient Near East: Historical Sources in Translation*, Oxford: Blackwell.
- *Hallo, W. W. and Younger, K. L. (2003), *The Context of Scripture* (3 vols.), Leiden and Boston: Brill.
- Kuhrt, A. (1995), *The Ancient Near East, c. 3000–330 bc* (2 vols.), London: Routledge.

- Mieroop, M. Van De (2016), *A History of the Ancient Near East*, Oxford: Wiley-Blackwell, 3rd edn.
- Podany, A. H. (2013), *The Ancient Near East: A Very Short Introduction*, Oxford and New York: Oxford University Press.
- Potts, D. (2012), *A Companion to the Archaeology of the Ancient Near East* (2 vols.), Oxford: Wiley-Blackwell.
- *Pritchard, J. B. (ed.) (1969), *Ancient Near Eastern Texts relating to the Old Testament*, Princeton: Princeton University Press, 3rd edn.
- Radner, K. and Robson, E. (eds) (2011), *The Oxford Handbook of Cuneiform Culture*, Oxford: Oxford University Press.
- Roaf, M. (1996), *Cultural Atlas of Mesopotamia and the Ancient Near East*, Abingdon: Andromeda.
- Sasson, J. M. (ed.) (1995a), *Civilizations of the Ancient Near East* (4 vols.), New York:

Charles Scribner's Sons.

關於巴比倫尼亞的一般著作

- Arnold, B. T. (2004), *Who Were the Babylonians?*, Atlanta: Society of Biblical Literature.
- Galter, H. D. (2007), 'Looking Down the Tigris', in G. Leick (ed.), 527–40. Gill, A. (2011), *The Rise and Fall of Babylon*, London: Quercus.
- *Glassner, J.-J. (2004), *Mesopotamian Chronicles*, Atlanta: Society of Biblical Literature.
- Leick, G. (2003), *The Babylonians*, London and New York: Routledge.
- Leick, G. (ed.) (2007), *The Babylonian World*, London and New York: Routledge.
- Oates, J. (1986), *Babylon*, London: Thames and Hudson, rev. edn.
- Saggs, H. W. F. (2000), *Babylonians*, Berkeley and Los Angeles: University of California Press.

- Sallaberger, W. (2007), 'The Palace and the Temple in Babylonia', in G. Leick (ed.), 265–75.
- Steele, L. D. (2007), 'Women and Gender in Babylonia', in G. Leick (ed.), 299–316.

第一章　古巴比倫時期（約西元前一八八〇年至一五九五年）

- Arnold, B. T. (2004), *Who Were the Babylonians?*, Atlanta: Society of Biblical Literature, 35–60.
- Charpin, D. (2012), *Hammurabi of Babylon*, London and New York: I.B.Tauris.
- Charpin, D. (2015), *Gods, Kings, and Merchants in Old Babylonian Mesopotamia*, Leuven: Peeters.
- Heinz, M. (2012), 'The Ur III, Old Babylonian, and Kassite Empires', in D. Potts (ed.), 713–16 (whole chapter, 706–21).
- Kuhrt, A. (1995), *The Ancient Near East, c. 3000–330 BC*, London: Routledge, 108–17.
- Mieroop, M. Van De (2005), *King Hammurabi of Babylon*, Oxford: Blackwell.

- Sasson, J. M. (1995b), 'King Hammurabi of Babylon', in J. M. Sasson (ed.) (1995a), 901–15.
- *Sasson, J. M. (2015), *From the Mari Archives: An Anthology of Old Babylonian Letters*, Winona Lake: Eisenbrauns.

第二章　從《漢摩拉比律法》看巴比倫社會

- Epigraph from the Epilogue of the Laws of Hammurabi, inspired by the translation of Martha Roth, 1997: 133–4.
- *Charpin, D. (2000), 'Lettres et procès paléo-babyloniens', in F. Joannès (ed.), *Rendre la justice en Mésopotamie*, Paris: Presses Universitaires de Vincennes, 69–111.
- Dassow, E. Von (2011), 'Freedom in Ancient Near Eastern Societies', in
- K. Radner and E. Robson (eds), 205–24.
- Koppen, F. van (2007), 'Aspects of Society and Economy in the Later Old Babylonian Period', in G. Leick (ed.), 210–23.

- Mieroop, M. Van De (2016), *A History of the Ancient Near East*, Oxford: Wiley-Blackwell, 3rd edn, 118–27.
- *Roth, M. T. (1997), *Law Collections from the Ancient World*, Atlanta: Society of Biblical Literature, 71–142.
- *Roth, M. T. (2003), 'The Laws of Hammurabi', in W. W. Hallo and K. L. Younger Jr (eds), *The Context of Scripture*, vol. II, 335–53.

第三章　古巴比倫時代的城市

- Baker, H. D. (2011), 'From Street Altar to Palace: Reading the Built Urban Environment', in K. Radner and E. Robson (eds), 533–52.
- Crawford, H. (2007), 'Architecture in the Old Babylonian Period', in G. Leick (ed.), 81–94.
- Goddeeris, A. (2007), 'The Old Babylonian Economy', in G. Leick (ed.), 198–209.
- Reynolds, F. (2007), 'Food and Drink in Babylonia', in G. Leick (ed.), 171–84.

第四章　加喜特人（約西元前一五七〇年至一一五五年）

- Bryce, T. R. (2007), 'A View from Hattusa', in G. Leick (ed.), 503–14.
- Heinz, M. (2012), 'The Ur III, Old Babylonian, and Kassite Empires', in D. Potts (ed.), 716–20 (whole chapter, 706–21).
- Kuhrt, A. (1995), *The Ancient Near East, c. 3000–330 BC*, London: Routledge, 332–48.
- Mieroop, M. Van De (2016), *A History of the Ancient Near East*, Oxford: Wiley-Blackwell, 3rd edn, 183–90.
- *Moran, W. L. (1992), *The Amarna Letters*, Baltimore and London: Johns Hopkins Press, 1–36.
- Sommerfeld, W. (1995), 'The Kassites of Ancient Mesopotamia', in J. M. Sasson (ed.) (1995a), 917–30.
- Vermaak, P. S. (2007), 'Relations between Babylonia and the Levant during the Kassite period', in G. Leick (ed.), 515–26.

- Warburton, D. A. (2007), 'Egypt and Mesopotamia', in G. Leick (ed.), 487–502.

第五章　書寫、文士和文學

- *Dalley, S. (2008), *Myths from Mesopotamia: Creation, the Flood, Gilgamesh and others*, Oxford: Oxford University Press, rev. edn.
- *Foster, B. R. (2005), *Before the Muses: An Anthology of Akkadian Literature*, Bethesda: CDL Press, 3rd edn.
- *George, A. R. (1999), *The Epic of Gilgamesh: A New Translation*, London: Penguin.
- *George, A. R. (2003), *The Babylonian Gilgamesh Epic: Introduction, Critical Edition and Cuneiform Texts*, Oxford: Oxford University Press.
- Koch, U. S. (2011), 'Sheep and Sky: Systems of Divinatory Interpretation', in K. Radner and E. Robson (eds), 447–69.
- Koppen, F. van (2011), 'The Scribe of the Flood Story and his Circle', in K. Radner and E.

Robson (eds), 140–66.

- Maul, S. M. (2007), 'Divination Culture and the Handling of the Future', in G. Leick (ed.), 361–72.
- Moran, W. L. (1995), 'The Gilgamesh Epic: A Masterpiece from Ancient Mesopotamia', in J. M. Sasson (ed.) (1995a), 2327–36.
- Rochberg, F. (2011), 'Observing and Describing the World through Divination and Astronomy', in K. Radner and E. Robson (eds), 618–36.
- *Sandars, N. (1971), *Poems of Heaven and Hell from Ancient Mesopotamia*, London: Penguin.
- Veldhuis, N. (2011), 'Levels of Literacy', in K. Radner and E. Robson (eds), 68–89.
- Wasserman, N. (2003), *Style and Form in Old-Babylonian Literary Texts*, Cuneiform Monographs 27, Leiden: Brill.

第六章　漫長的間隔（西元前十二世紀至前七世紀）

- Arnold, B. T. (2004), *Who Were the Babylonians?*, Atlanta: Society of Biblical Literature, 75–85.
- Brinkman, J. A. (1982), 'Babylonia c. 1000–748 B.C.', *Cambridge Ancient History* III.1, 282–313.
- Brinkman, J. A. (1991), 'Babylonia in the Shadow of Assyria (747–626 B.C.)', *Cambridge Ancient History* III.2, 1–70.
- Frame, G. (1992), *Babylonia 689–627 B. C.: A Political History*, Leiden: NINO.
- *Frame, G. (1995), *Rulers of Babylonia: From the Second Dynasty of Isin to the End of Assyrian Domination (1157–612 BC)*, Toronto, Buffalo, and London: University of Toronto.
- *Glassner, J.-J. (2004), *Mesopotamian Chronicles*, Atlanta: Society of Biblical Literature, 193–211.
- Jursa, M. (2007), 'The Babylonian Economy in the First Millennium BC', in G. Leick (ed.), 224–35.

- Jursa, M. (2010), *Aspects of the Economic History of Babylonia in the First Millennium BC: Economic Geography, Economic Mentalities, Agriculture, the Use of Money and the Problem of Economic Growth*, Münster: Ugarit Verlag.
- Kuhrt, A. (1995), *The Ancient Near East, c. 3000–330 BC*, London: Routledge, 573–89.
- Oates, J. (1986), *Babylon*, London: Thames and Hudson, rev. edn, 104–14.

第七章　新巴比倫帝國

- Arnold, B. T. (2004), *Who Were the Babylonians?*, Atlanta: Society of Biblical Literature, 87–105.
- *Arnold, B. T. and Michalowski, P. (2006), 'Achaemenid Period Historical Texts concerning Mesopotamia', in M. W. Chavalas (ed.), 407–26.
- Baker, H. D. (2007), 'Urban Form in the First Millennium B.C.', in G. Leick (2007), 66–77.
- Baker, H. D. (2012), 'The Neo-Babylonian Empire', in D. Potts (ed.), 914–30.

- Beaulieu, P.-A. (1989), *The Reign of Nabonidus, King of Babylon 556–539 B.C.*, Yale Near Eastern Researches 10. New Haven: Yale University Press.
- Beaulieu, P.-A. (1995), 'King Nabonidus and the Neo-Babylonian Empire', in J. M. Sasson (ed.) (1995a), 969–79.
- Beaulieu, P.-A. (2007), 'Nabonidus the Mad King', in M. Heinz and M. H. Feldman (eds), *Representations of Political Power: Case Histories from Times of Change and Dissolving Order in the Ancient Near East*, Winona Lake: Eisenbrauns, 137–66.
- *Glassner, J.-J. (2004), *Mesopotamian Chronicles*, Atlanta: Society of Biblical Literature, 214–39.
- Jursa, M. (2005), *Neo-Babylonian Legal and Administrative Documents: Typology, Contents and Archives*, Guides to the Mesopotamian Textual Record 1, Münster: Ugarit-Verlag.
- Jursa, M. (2007), 'Die Söhne Kudurrus und die Herkunft der neubabylonischen Dynastie', *Revue d'assyrologie et d'archéologie orientale* 101: 125–36.
- Jursa, M. (2010), *Aspects of the Economic History of Babylonia in the First Millennium BC: Economic Geography, Economic Mentalities, Agriculture, the Use of Money and the Problem of*

Economic Growth, Münster: Ugarit Verlag.

- Jursa, M. (2014), 'The Neo-Babylonian Empire', in M. Gehler and R. Rollinger (eds), *Imperien und Reiche in der Weltgeschichte- Epochübergreifenden und globalhistorische Vergleiche*, Wiesbaden: Harrassowitz, 121–48.
- Mieroop, M. Van De (2009), 'The Empires of Assyria and Babylonia', in T. Harrison (ed.), *The Great Empires of the Ancient World*, London: Thames & Hudson, 70–97.
- Mieroop, M. Van De (2016), *A History of the Ancient Near East*, Oxford: Wiley-Blackwell, 3rd edn, 294–307.
- *Pearce, L. E. and Wunsch, C. (2014), *Documents of Judean Exiles and West Semites in Babylonia in the Collection of David Sofer*, Cornell University Studies in Assyriology and Sumerology 28, Bethesda, MD: CDL Press.
- Roaf, M. (1996), *Cultural Atlas of Mesopotamia and the Ancient Near East*, Abingdon: Andromeda, 198–202.
- *Roth, M. T. (1997), *Law Collections from the Ancient World*, Atlanta: Scholars Press, 143–9.

- *Studevent-Hickman, B., Melville, S. C., and Noegel, S. (2006), 'Neo-Babylonian Period Texts from Babylonia and Syro-Palestine', in M. W. Chavalas (ed.), 382–406.
- Waerzeggers, C. (2011), 'The Pious King: Royal Patronage of Temples', in K. Radner and E. Robson (eds), 725–51.
- Wiseman, D. J. (1991), 'Babylonia 605–539 B.C.', *Cambridge Ancient History* III.2, 229–51.

第八章　尼布甲尼撒的巴比倫城

- Baker, H. D. (2011), 'From Street Altar to Palace: Reading the Built Urban Environment', in K. Radner and E. Robson (eds), 533–52.
- Dalley, S. (2013), *The Mystery of the Hanging Gardens of Babylon*, Oxford: Oxford University Press.
- Finkel, I. L. and Seymour, M. J. (eds) (2008), *Babylon: Myth and Reality*, London: British Museum Press.

- Mieroop, M. Van De (2003), 'Reading Babylon', *American Journal of Archaeology* 107: 257–75.

第九章　巴比倫和波斯統治者

- Aaboe, A. (1980), 'Observation and Theory in Babylonian Astronomy', *Centaurus* 24: 14–35.
- Aaboe, A. (1991), 'Babylonian Mathematics, Astrology, and Astronomy', *Cambridge Ancient History*, III.2, 276–92.
- Boiy, T. (2004), *Late Achaemenid and Hellenistic Babylon*, Orientalia Lovaniensia Analecta 136, Leuven: Peeters.
- Breucker, G. de (2011), 'Berossos between Transition and Innovation', in K. Radner and E. Robson (eds), 637–57.
- Brown, D. (2008), 'Increasingly Redundant: The Growing Obsolescence of the Cuneiform Script in Babylonia from 539 BC,' in J. Baines, J. Bennett, and S. Houston (eds), *The Disappearance of Writing Systems: Perspectives in Literacy and Communication*, London: Equinox: 73–102.

- Chambon, G. (2011), 'Numeracy and Metrology', in K. Radner and E. Robson (eds), 51–67.
- Clancier, P. (2011), 'Cuneiform Culture's Last Guardians: The Old Urban Notability of Hellenistic Uruk', in K. Radner and E. Robson (eds), 753–73.
- *Glassner, J.-J. (2004), *Mesopotamian Chronicles*, Atlanta: Society of Biblical Literature, 240–58.
- Kuhrt, A. (2007), 'The Persian Empire', in G. Leick (ed.), 562–76.
- Robson, E. (2007), 'Mathematics, Metrology, and Professional Numeracy', in G. Leick (ed.), 418–31.
- Rochberg, F. (2011), 'Observing and Describing the World through Divination and Astronomy', in K. Radner and E. Robson (eds), 618–36.
- Spek, R. J. van de (1985), 'The Babylonian Temple during the Macedonian and Parthian domination, *Bibliotheca Orientalis* 42: 541–62.
- Spek, R. J. van de (2006), 'The Size and Significance of the Babylonian Temples under the Successors', in P. Briant and F. Joannès (eds), *La transition entre l'empire achéménide et les*

royaumes hellenistiques, Paris: De Boccard, 261–307.

- Waerzeggers, C. (2003/4), 'The Babylonian Revolts against Xerxes and the "End Archives"', *Archiv für Orientforschung* 50: 150–78.

延伸閱讀

有關以下出版品的完整詳細訊息，請參閱相關章節的參考文獻。

古代近東的全方位著作為巴比倫的研究提供宏觀背景，包括：愛蜜莉・庫赫特（Kuhrt）《古代近東史：約 3300-330 BC》（*The Ancient Near East, c.3000–330 BC*, 1995）；Van De Mieroop《古代近東史》（*A History of the Ancient Near East*, 2016），最新，而且更適合普通讀者。亞曼達・波達尼（Podany）*The Ancient Near East: A Very Short Introduction* (2013)，論述簡潔且有選擇性，但包含有關巴比倫歷史主要時期的簡要章節。傑克・薩松（Sasson）*Civilizations of the Ancient Near East* (1995a)，多位學者共同撰寫的四卷本百科全書。Bryce, *The Routledge Handbook of the Peoples and Places of Ancient Western Asia* (2009/12)，提供百科全書式的近東人民、城市和王國介紹。馬克・查瓦拉斯（Chavalas）*The Ancient Near East* (2006)，提供古代近東各種書寫紀錄的翻譯，搭配前言注解。

巴比倫城和巴比倫文明的一般著作，包括：Arnold, *Who Were the Babylonians?* (2004)，寫給學生和一般讀者。Gill, *The Rise and Fall of Babylon*

(2011)，插圖豐富，為廣大的一般讀者而寫，也簡短地介紹了其他同時代的近東文明。Leick, *The Babylonians* (2003)，巴比倫歷史與文明的簡明記載，Leick, *The Babylonian World* (2007)，學者針對巴比倫歷史和文明的許多面向各自撰寫章節。瓊安・奧茨（Oates）*Babylon* (1986)，必然過時，但可讀性高，書寫範圍從巴比倫歷史直至希臘化時期。Saggs, *Babylonians* (2000)，更新了早期研究的內容。

有許多和巴比倫社會與文化相關的學術章節在凱倫・拉德納與伊莉諾・羅伯森（Radner and Robson）*The Oxford Handbook of Cuneiform Culture* (2011)。關於主宰巴比倫生活的兩個機構：王宮和神廟，參見瓦爾特・薩拉博格（Sallaberger）, 'The Palace and the Temple in Babylonia' (2007)。關於巴比倫社會中婦女的角色、活動和地位，參見 Steele, 'Women and Gender in Babylonia' (2007)，至於巴比倫人飲食的記載可見 Reynolds, 'Food and Drink in Babylonia' (2007)。Galter, 'Looking Down the Tigris' (2007)，則討論了巴比倫和亞述之間的

政治、軍事和文化關係，直至新亞述帝國末期（西元前七世紀末）。

巴比倫歷史第一個主要時期、也就是古巴比倫王國（第一章至第三章）的記述，自然以王國的決定性人物漢摩拉比為焦點。這些記述包括以下書籍：多米尼克·夏邦（Charpin）*Hammurabi of Babylon* (2012)，馬克·范·德·米洛普（Van De Mieroop）*King Hammurabi of Babylon* (2005)，以上兩者皆為權威之作，不過重點和取徑不同。傑克·薩松（Sasson）'King Hammurabi of Babylon' (1995b)。瑪爾塔·羅絲（Roth）*Law Collections from the Ancient World* (1997) 71–142 及 'The Laws of Hammurabi' (2003)，提供《漢摩拉比律法》的最新譯本之一。多米尼克·夏邦（Charpin）'Lettres et procès paléo-babyloniens' (2000) 及 *Hammurabi of Babylon* (2012) Chapters 8–10，提供漢摩拉比統治時期的許多法律和行政公文及信件的參考資料和翻譯，其中包含這段時期司法系統及其管理的很多資訊。亦可參見傑克·薩松（Sasson）*From the Mari Archives: An Anthology of Old Babylonian Letters* (2015)。伊娃·馮·達索（Von Dassow）'Freedom in

Ancient Near Eastern Societies’(2011) 提供《漢摩拉比律法》反映的巴比倫社會階層重要訊息。Goddeeris, ‘The Old Babylonian Economy’(2007)，描述古巴比倫的經濟。而 van Koppen, ‘Aspects of Society and Economy in the Later Old Babylonian Period’(2007)，討論該時期的社會面和經濟面。Crawford, ‘Architecture in the Old Babylonian Period’(2007)，介紹古巴比倫的建築——公共建築、宮殿、神廟和民用住宅。

在所有巴比倫文明的一般著作中，關於巴比倫歷史上的加喜特時期（第四章）都有不少的篇幅。此外，參見愛蜜莉・庫赫特（Kuhrt）《古代近東史》（*The Ancient Near East* (1995) 344–8 以及 Sommerfeld, ‘The Kassites of Ancient Mesopotamia’(1995)。有關該時期相關文件的翻譯，參見威廉・莫蘭（W. Moran）*The Amarna Letters* (1992) 1–37 及馬克・查瓦拉斯（Chavalas）*The Ancient Near East: Historical Sources in Translation* (2006) 275–9。關於加喜特巴比倫和埃及的關係，參見 Warburton, ‘Egypt and Mesopotamia’(2007)。和西臺

（王國）的關係，參見崔佛・布萊斯（Bryce，本書作者）'A View from Hattusa' (2007)，還有和黎凡特地區的關係參見 Vermaak, 'Relations between Babylonia and the Levant during the Kassite period' (2007)。

第五章討論巴比倫文學的幾個「經典」。有關《吉爾伽美什史詩》的概述，參見 威廉・莫蘭（Moran）'The Gilgamesh Epic: A Masterpiece from Ancient Mesopotamia' (1995)。安德魯・喬治（George）*The Epic of Gilgamesh: A New Translation* (1999)，翻譯並討論了史詩，以及 *The Babylonian Gilgamesh Epic: Introduction, Critical Edition and Cuneiform Texts* (2003)，提供學術版的史詩。其他美索不達米亞史詩和神話的翻譯，參見 Sandars, *Poems of Heaven and Hell from Ancient Mesopotamia* (1971)，Hallo and Younger, *The Context of Scripture* (2003) vol. I, 449–60，史蒂芬妮・戴利（Dalley）*Myths from Mesopotamia: Creation, the Flood, Gilgamesh and others* (2008)。Van Koppen, 'The Scribe of the Flood Story and his Circle' (2011)，討論《阿特拉哈西斯史詩》的起源和作者。古巴比倫

阿卡德銘文的介紹，參見 Wasserman, *Style and Form in Old-Babylonian Literary Texts* (2003)。亦可參見 *Sources of Early Akkadian Literature, a continuing Leipzig University Project*, online at www.seal.uni-leipzig.de。Veldhuis, 'Levels of Literacy' (2011), 討論巴比倫社會的識字程度。關於占卜，參見史蒂芬．莫爾（Maul）'Divination Culture and the Handling of the Future' (2007)。

上述以巴比倫文明為主題的一般著作，或多或少都有介紹加喜特時期和新巴比倫時期之間的間隔期（第六章）。Brinkman, 'Babylonia c.1000–748 B.C.' (1982) 以及 'Babylonia in the Shadow of Assyria (747–626 B.C.)' (1991)，提供該時期詳細（但現在有些過時）的記述。這個時期的書面史料翻譯請見 Frame, *Rulers of Babylonia: From the Second Dynasty of Isin to the End of Assyrian Domination* (1995)，及（從納波納撒耳統治時期到西元前 668 年）Glassner, *Mesopotamian Chronicles* (2004) 193–211。西元前第一千年紀的巴比倫經濟史（包括新巴比倫時期）參見 Jursa, 'The Babylonian Economy in the First Millennium BC' (2007a) 及

Aspects of the Economic History of Babylonia in the First Millennium BC (2010)。

除了以巴比倫文明為主題的一般著作對新巴比倫時期（第七至八章）的論述，亦可參見 Wiseman, 'Babylonia 605–539 B.C.' (1991)（現在當然已經過時）。希瑟爾・貝克（Baker）'Urban Form in the First Millennium B.C.' (2007) 以及 'From Street Altar to Palace: Reading the Built Urban Environment' (2011)，前者談論新巴比倫時期城市的設計，後者是從巴比倫城市普通居民的角度來談。新巴比倫帝國最新的、全面的記述，參見希瑟爾・貝克（Baker）'The Neo-Babylonian Empire' (2012) 以及 Jursa, 'The Neo-Babylonian Empire' (2014)。關於納波尼德在位時期，參見 Beaulieu, *The Reign of Nabonidus, King of Babylon 556–539BC* (1989)、'King Nabonidus and the Neo- Babylonian Empire' (1995)，以及 'Nabonidus the Mad King' (2007)。關於空中花園和新巴比倫時期的其他面向，包括相關經典史料的引用和翻譯，參見斯蒂芬妮・戴利（Dalley）*The Mystery of the Hanging Gardens of Babylon* (2013)。Jursa, 'Die Söhne Kudurrus und die Herkunft der neubabylonischen

Dynastie' (2007)，討論新巴比倫王朝的起源。馬克·范·德·米洛普（Van De Mieroop）, 'Reading Babylon' (2003)，描述尼布甲尼撒巴比倫城建築環境背後的思想體系，以及 'The Empires of Assyria and Babylonia' (2009)，這是有大量插圖的新亞述帝國和新巴比倫帝國概述。

《但以理書》是《聖經》記載的尼布甲尼撒和（據稱）伯沙撒統治的權威章節。該時期巴比倫文獻的翻譯，參見Glassner, *Mesopotamian Chronicles* (2004) 214–39、Studevent-Hickman et al., 'Neo-Babylonian Period Texts from Babylonia and Syro-Palestine' (2006)以及瑪爾塔·羅絲（Roth）*Law Collections from the Ancient World* (1997) 143–9，是新巴比倫律法的翻譯。阿達德－古皮的傳記翻譯出自J. A. Wilson in Pritchard, *Ancient Near Eastern Texts relating to the Old Testament* (1969) 560–2，以及S. C. Melville in Chavalas, *The Ancient Near East: Historical Sources in Translation* (2006) 389–93。所謂「納波尼德編年史」（'Nabonidus Chronicle'）講述她兒子的統治和波斯人征服他的王國的故事，翻譯出自B. T. Arnold and P.

Michalowski in Chavalas (2006) 418–20，以及'Verse Account of Nabonidus' by A. L. Oppenheim in Pritchard (1969) 312–15。「納波尼德編年史」和「納波尼德詩篇記述」（'Verse Account'）都反映強烈的親波斯、反納波尼德的偏見。

Jursa, *Neo-Babylonian Legal and Administrative Documents* (2005)，提供從新巴比倫時期到帕提亞時期目前已知的法律及行政紀錄的概述，以及 Pearce and Wunsch, *Documents of Judean Exiles and West Semites in Babylonia in the Collection of David Sofer* (2014)，處理和巴比倫鄉下猶太流亡者聚落有關的文本。Waerzeggers, 'The Pious King: Royal Patronage of Temples' (2011)，討論王權意識形態，特別著重國王在巴比倫社會宗教活動的作用。厄文・芬克爾麥可・西摩兒（Finkel and Seymour）, *Babylon: Myth and Reality* (2008)，為大英博物館同名展覽手冊，是對新巴比倫時期巴比倫歷史和文明許多面向的論述，附加大量插圖。

關於波斯、馬其頓、塞琉古、帕提亞和羅馬統治下的巴比倫的簡述（第九章），參見瓊安・奧茨（Oates）*Babylon* (1986) 136–44，以及 Leick, *The*

Babylonians (2003) 61–9。艾蜜莉・庫赫特（Kuhrt）'The Persian Empire' (2007)，綜述波斯帝國，以及巴比倫在帝國裡的地位。Waerzeggers, 'The Babylonian Revolts against Xerxes and the "End Archives" ' (2003/4)，分析博爾西帕檔案及其對反薛西斯起義發生年代的影響。有關這些時期的《巴比倫編年史》的翻譯段落，參見 Glassner, *Mesopotamian Chronicles* (2004) 240–56 以及馬克・查瓦拉斯（Chavalas）*The Ancient Near East: Historical Sources in Translation* (2006) 407–26。居魯士圓柱的銘文翻譯出自 P. Michalowski in Chavalas (2006) 426–30。Clancier, 'Cuneiform Culture's Last Guardians: The Old Urban Notability of Hellenistic Uruk' (2011)，描述希臘化時期楔形文字文化在巴比倫的倖存情況，及 de Breucker, 'Berossos between Transition and Innovation' (2011)，描述巴比倫學者貝羅索斯對希臘化時期的巴比倫和希臘學術研究的貢獻。

關於楔形文字書寫系統的沒落和消失，參見 Brown, 'Increasingly Redundant: The Growing Obsolescence of the Cuneiform Script in Babylonia from 539 BC'

(2008)。巴比倫神廟在新巴比倫時期過後的作用，參見 van der Spek, 'The Babylonian Temple during the Macedonian and Parthian Domination' (1985) 及 'The Size and Significance of the Babylonian Temples under the Successors' (2006)。波斯晚期和希臘化時期的巴比倫城本身，參見 Boiy, *Late Achaemenid and Hellenistic Babylon* (2004)。進一步認識巴比倫城的遺產（第九章），參見瓊安・奧茨（Oates）*Babylon* (1986) 163–98 及厄文・芬克爾及麥可・西摩兒（Finkel and Seymour）*Babylon: Myth and Reality* (2008) 166–212。

關於巴比倫和古代近東其他地方的數學和量測學的記述（第九章末），參見Aaboe, 'Babylonian Mathematics, Astrology, and Astronomy' (1991)、Robson, 'Mathematics, Metrology, and Professional Numeracy' (2007)，以及Chambon, 'Numeracy and Metrology' (2011)。關於天象的觀察與紀錄，參見Aaboe, 'Observation and Theory in Babylonian Astronomy' (1980)及'Babylonian Mathematics, Astrology, and Astronomy' (1991)，此外也可參見Koch, 'Sheep and Sky: Systems of Divinatory Interpretation' (2011)及Rochberg, 'Observing and Describing the World through Divination and Astronomy' (2011)。

巴比倫：最璀璨的近東古文明
Babylonia: A Very Short Introduction

作　　者　崔佛・布萊斯 Trevor Bryce
譯　　者　葉品岑
審　　訂　王紫讓
責任編輯　王辰元
封面設計　萬勝安
內頁排版　藍天圖物宣字社
發 行 人　蘇拾平
總 編 輯　蘇拾平
副總編輯　王辰元
資深主編　夏于翔
主　　編　李明瑾
行銷企劃　廖倚萱
業務發行　王綬晨、邱紹溢、劉文雅
出　　版　日出出版
地址：新北市 231 新店區北新路三段 207-3 號 5 樓
電話（02）8913-1005　傳真：（02）8913-1056
發　　行　大雁出版基地
地址：新北市 231 新店區北新路三段 207-3 號 5 樓
24 小時傳真服務（02）8913-1056
Email：andbooks@andbooks.com.tw
劃撥帳號：19983379　戶名：大雁文化事業股份有限公司
初版一刷　2024 年 8 月
定　　價　450 元

I S B N　978-626-7460-94-8

國家圖書館出版品預行編目(CIP)資料

巴比倫：最璀璨的近東古文明／崔佛・布萊斯（Trevor Bryce）著；葉品岑譯 . -- 初版 . – 新北市：日出出版：大雁文化事業股份有限公司發行，，2024.08
面；　公分
譯自：Babylonia: A Very Short Introduction

ISBN 978-626-7460-94-8（平裝）
1. 巴比倫文化　2. 歷史

735.5213　　113011501